『マルクス貨幣論の哲学』

弁護士兼哲学者によるマルクス貨幣論の完全解読

田村 智明 著

CONTENTS

第3章　使用価値と交換価値

第4章　「現象形式」の哲学

第5章　価値実体論の解読

第6章　商品で示される二種の労働

第7章　価値形式論総論

第8章　貨幣の主体

第9章　等価形式論（貨幣の謎の正体）

第 10 章　価値形式の発展

第 11 章　一般的価値形式（貨幣形式）の哲学

第 12 章　商品物神崇拝論

終章

序章

1 本書の執筆理由

　本書はマルクス貨幣論の哲学を、マルクスの意図に忠実な立場から徹底解説を試みたものです。なお、本書における「マルクス貨幣論」とはマルクスの『資本論』第1章を指します。

　さて、私が本書を執筆し、出版しようと思った最大の理由は、私が知るマルクス貨幣論の哲学と経済学批判の魅力を多くの人々に伝えたかったからという、とてもシンプルなものです。ご存じのとおりマルクスは世界の歴史に大きな影響を与えた偉大な思想家です。そのマルクスの代表作である『資本論』冒頭の貨幣論は、カントにはじまるドイツ近代哲学の方法を駆使することによって、私たちにとっていまやとても身近な存在である貨幣と資本主義社会の驚くべき正体を見事に解明した部分です。つまり、マルクス貨幣論を解読すれば貨幣の秘密が明らかになり、貨幣の謎も解けるだけでなく、私たちがいままさに生活している社会の本質が明らかになり、さらにそれに加えてドイツ近代哲学のエッセンスとその魅力までをも実感することができるのです。だからこそ私は本書を出版したいと思ったのです。

　ところで私は学者ではありません。哲学については大学院で数年間ほど研究したことがあるにすぎません。そんな私がなぜ、学者の先生方を敵に回しかねないようなテーマの本書を出版しようと思ったのかといいますと、その理由もシンプルなものです。それは私が知る限り、今のところ少なくとも日本では、マルクスの意図に沿ったマルクス貨幣論の紹介や解説をしている書籍が見当たらないからです。

　もちろん、マルクス貨幣論をテーマにした著作はいくつか存在しています。しかし、それらのほとんどは哲学を軽視したマルクス貨幣論の独自解釈や評論の羅列で、マルクス自身の意図に沿った貨幣論の内容を知りたいと考えている読者の欲求を充たすものにはなっていません。もちろん、哲学的にマルクス貨幣論を論じた戦後の作品には『資本論の哲学』に代表される廣松渉氏（以下、「廣松氏」と呼ばせていただきます。）の諸著作があります。しかし、その廣松氏による貨幣論も「廣松物象化論」や現象世界の「四肢的存立構造」などと呼ばれる廣松氏独自の哲学的立場からのものにすぎず、マルクス自身の哲学的意図に沿った内容紹介にはなっていません。

　というわけで、日本ではマルクス貨幣論をテーマにした著作自体は何冊か出版されてはいるものの、奇妙なことに、マルクスの意図に忠実な立場からの貨

幣論の紹介本が見当たらないのです。なぜそんな状況になっているのかについては、正直なところ私にはわかりません。

とはいえもしかしたら、マルクスの立場に沿ってマルクスの思想を解説することは、かつての日本にもたくさんいたいわゆる「マルクス主義者」の立場からの解説だと誤解される可能性が高いと思われたからなのかもしれません。本書もそのような誤解を受ける可能性がありますのでここで明確にしておきますが、私がいう「マルクスの意図に忠実」という意味は「マルクス主義」に代表されるような特定の政治的立場に沿った解釈という意味ではありません。私がいう「忠実」とは、喩えるなら、大学受験の現代文読解問題の模範答案のような、著者の意図に沿った客観的な解読のことです。そのような解読をした場合に限り、先述した貨幣や資本主義社会の正体が明らかになるからです。

ともあれ、これまで出版されているマルクス貨幣論に関する解説本等には、前記のような意味でマルクスの意図に沿った貨幣の秘密や謎を端的にわかりやすく具体的に紹介したものがないのです。こうした実情は私にとってとても悲しいことです。そこで「誰もやろうとしないなら私がやるしかない！」という思いから、僭越だとは感じつつも、私は本書を出版しようと考えたのです。

2 本書の特色

本書の内容には二つの特色があります。

その一つについてはすでに説明したとおり、マルクス貨幣論の内容をマルクスの意図に沿って徹底解説することです。本書の題名に照らせば当たり前のことのように思われるかもしれませんが、従来のマルクス貨幣論に関する著作にはこのようなものがほとんどありませんでしたので、これは類書に見られない本書の大きな特色の一つです。

もう一つの特色は、ドイツ近代哲学のアクチュアリティとその魅力を伝える話題が随所に盛り込まれていることです。ちなみに「アクチュアリティ」という言葉は「現代的意義」、すなわち私たちが現代社会における様々な問題を思考する際にも生かせる力というニュアンスで私は使っています。

マルクスの哲学はカント、ヘーゲル、フォイエルバッハといった近代ドイツ哲学の巨匠たちの理論の集大成です。但し、マルクスは彼らの哲学理論を、彼らの哲学者としての興味から切り離し、現実解明の道具として駆使したのです。ですからマルクスの哲学は単なる知識や教養ではなく、現実に生かせる哲学な

のです。

　実は、私にとっての哲学もそうでした。私は司法試験合格後に哲学に強い興味を感じ、大学院で西洋哲学を研究したのですが、それは哲学を知識や教養として身につけたいからではなく、現実社会の本質の解明や弁護士としての実務遂行の手段として生かしたいと思ったからでした。私がいろいろ悩んだ末、学者になる道を選ばなかったのもそのためです。ですから、私は自分のことを「哲学研究者」と呼ばれることが嫌いで、「哲学者」と称することもあるのですが、ほんとうに相応しい呼び方は「哲学の実務家」ではないかと考えていたりもします。私は西洋哲学に強い興味を感じていますが、抽象的な存在や真理の問題を思考することが主要な関心事ではないからです。

　ともあれ、マルクス貨幣論の哲学は、そのようなアクチュアリティを具えた哲学です。ですから、そのような哲学をわかりやすくするための本書の解説もまた、どんな哲学の授業でも教えられることがない、具体的で身近な説明素材をふんだんに取り込んでいます。つまり、多くの学者の本にありがちな、難解で抽象的な解説や、多数の他の文献からの引用ばかりが続くようなものとは異なるものになっています。ですから、哲学を高尚な思想としてだけではなく、現実に生かせる身近な思考形式として理解し、その魅力を感じたいと考えるような知的好奇心溢れる人なら、本書の哲学解説を必ずや楽しんでいただけるものと私は信じています。

3　貨幣論とヘーゲル論理学

　従来のマルクス貨幣論を論じた著作の多くは哲学、とりわけヘーゲル論理学を無視または軽視しています。しかし、マルクスは自分がヘーゲルの弟子であることを自認していますし（国41・岩32）[1]、貨幣論ではヘーゲルに媚びた表現が頻繁に、しかも重要部分で用いられているのです。その代表例は価値の「実体」や「現象形式」という言葉です。にもかかわらず、これまでの貨幣論に関する解説書の多くはこれらの哲学用語の説明をほとんどスルーしてきたのです。それではマルクス貨幣論の理解は不可能です。なぜなら、マルクスは貨幣論の中で敢えてヘーゲルに媚びた言葉を使うことで、その部分の論理学的な説明を省いてしまっているからです。ですからどんなに読解能力が高い方でも、ヘーゲル論理学の知識抜きでマルクス貨幣論を理解することは不可能といっても過言ではないのです。

さて、そのヘーゲルの論理学は①有論、②本質論、③概念論の三部構成になっています。そのうちの①有論は文字通り「ある」の論理学なのですが、この場合の「ある」は「感覚で把握されるものがある」という場合の「ある」のことです。しかし、現代の科学や経済学は感覚よりも理論を重視しますから、この有論は貨幣論の内容とあまり関係がありません。

　貨幣論との関係では②の本質論こそが重要です。そこでは「… がある」はほんとうは「… である」（この場合の「…」は何かの述語です。）だったのだということ、つまり、感覚的な有は確固としたものではなく、本質的（普遍的）なものの一時的な状態（哲学用語では「規定」や「契機」です）であることを前提にした論理の仕組が解明されているのです。このような思考方法が数学や自然科学を支えているのですが、実は、この思考方法の中には多くの人々が通常は意識しないねじれた関係がひそんでいるのです。それを哲学史上はじめて明確に指摘したのはカントでした。「コペルニクス的転回」という言葉を聞いたことがある人は多いでしょう。そのロジックは哲学的思考に慣れていない人々にとってはかなり難解ですので具体例を通じて理解する必要がありますが、そのような説明は本論に譲ります。このロジックの詳細を論じたのがヘーゲル論理学の本質論の反照論なのですが、当然ながらこの部分も非常に難解です。しかし、マルクスの貨幣論はその難解なヘーゲルの反照論を踏まえて展開されているのです。

　ところでここで誤解されないように読者の方々に銘記していただきたいことは、この難解なロジックは決してヘーゲルやマルクスの単なる思想ではなく、事実の解読なのだという点です[2]。それは現代社会を生きる私たちが実際に無意識に実践している思考形式の解読なのです。なお、③概念論の立場については後述します。

　ところで、以上で述べたようなヘーゲル論理学が無視あるいは軽視されやすい事情のホンネは、それがとても難解だからなのかもしれません。たしかに、

1) 本書におけるマルクス『資本論』からの引用には、手に入りやすさという観点から国民文庫『資本論1』と岩波文庫『資本論（一）』の頁数を記載することにしました。引用文の後にたとえば（国100）とある場合には国民文庫版の100頁、（岩100）とある場合には岩波文庫版の100頁を意味します。

2) マルクスが貨幣の謎の解明手段として事実の解読という方法を採用したのは、客観的事実に基づく科学を最高の真理だと考えたからではありません。詳しくは本論で説明しますが、貨幣形式は人間たちの概念が産出したものではないため、科学的に解明せざるをえなかったからなのです。

ヘーゲルの著作の文章だけを見ますと、それは非常に抽象的な言葉の羅列だといっても過言ではありません。しかし、ヘーゲル論理学のうち本書で問題となる本質論と概念論とは、実はとても具体的で現実的な自然的、数学的、あるいは社会的な事実が念頭におかれつつ論じられているのです。しかし皮肉なことに、まさにそうであるがゆえに、大学での研究だけによってヘーゲルの論理学を具体的に理解することは困難なのです。なぜなら、大学の人文科学系の学部や大学院では社会経験をほとんど積むことができませんし、社会科学を学ぶ機会も限られているからです。実は私自身、そのことを痛感したことがあります。そこで次節ではその経緯等を、私の簡単な経歴紹介も兼ねてお話したいと思います。

4 「回り道」と私

「回り道」とは、マルクスが貨幣論で使用した重要な専門用語で、その解明は本書の重要テーマの一つです。その詳細はもちろん本論で説明します。この節では、それと私のこれまでの経歴との関係について話したいと思います。

さて、私は「様々な事情」のせいでこれまで波瀾万丈な人生を送っておりまして、現在に至るまでに何度も人生の大きな「回り道」を体験してきているのですが、それがここで説明すべき「回り道」でないことはいうまでもありません。ですから、私の経歴に関しましてはその「様々な事情」を省略した事実だけを書くことにします。

私は大学時代にヘーゲル哲学を少し学び、卒業後は銀行に就職したのですが、その数年後に退職し、司法試験受験生になりました。私はその時はじめて、大学時代に学んだヘーゲル論理学やその思想が現実の中に生きていること（アクチュアリティ）を痛感したのです。もちろん、周囲の司法試験受験生たちの中に哲学を知る者はいませんでしたのでこれは絶好のチャンスだと思い、私はそのロジックを「実践的法解釈の論理学」と名づけて定式化しました。そのロジックこそが、実は、マルクスが貨幣論で展開していた「回り道」とまったくといってもいいほどに同じものだったのです。

おかげでそれまで大学の法学部の授業を一度も受けたことがなかった私が、当時の合格率が3パーセント程度で、しかもライバルの多くが有名大学法学部在学あるいは出身生であった司法試験に、受験勉強開始後約3年間で合格することができただけではなく、その合格直後から、私は自らが定式化したその「実

践的法解釈の論理学」を武器にして、有名大学の法学部生らを前にして教える司法試験受験予備校講師になれたのでした。

　ですから、このロジックの定式が生まれるきっかけは私の個人的なひらめきだったとはいえ、その基礎にはマルクスが貨幣論で駆使したカントの哲学やヘーゲル論理学という確固たる学問的根拠があったわけです。そのためこのロジックは実際、当時の司法試験に出題されるどんな法律解釈問題を解く場合でも大きな効果を発揮するものになりました。要するに私の場合、マルクス貨幣論の読解を経由してではなく、カントの哲学やヘーゲルの論理学をヒントにして司法試験のための実践的法解釈の論理学を定式化するというルートの中で、いつのまにかマルクス貨幣論における「回り道」を発見してしまっていたのです。

　ところでこの実践的法解釈の論理学は、先述した難解なヘーゲル論理学からヒントを得たものであったにもかかわらず、多くの法学部をはじめ哲学以外の学部出身の受験生の方々にも理解していただけました。なぜでしょうか。それはこのロジックが、先に紹介した非常に難解なヘーゲル反照論のロジックを比較的透明でわかりやすい③概念論の立場から捉え直したものだったからなのです。

　というわけで、ここでヘーゲルの「概念」の立場について簡単に説明しますと、それは端的にいえば「目的意識を具えた人格的主体による自己決定の論理学」です。有論や本質論と比較して説明しますと、有論に基づいて真なるものを判断する主体とは自分で見たり聞いたりしたことだけに縛られているような主体です。本質論の主体は経験から導かれた普遍的な法則に縛られているような主体で、これが数学や自然科学の主体です。これらに対し概念論の主体は、有論や本質論の立場を経て形成された教養や知見を踏まえ、目的・手段・結果のすべてを人間的な目的によって完全に自己規定（哲学では「規定」という言葉を使いますが「決定」と同じ意味です。）しているような自由で個性的な主体です。つまり概念論は、普段の私たちの自由な自己決定のロジックですから、反照論に比べて理解が比較的容易なのです。

　たとえば今夜の夕食のメニューを何の外的制約もなく自己決定する場合のことを考察してみましょう。その場合、私たちはまず夕食の目的として何を重視すべきか（内的制約）を決定します。たとえば、健康増進なのか味かボリュームか価格か等々です。次に自分の健康状態、味の好み、腹の空き具合や財布の中の具合に加えて昨晩の夕食や本日の昼食メニューについての知識等を前提

に、それぞれの目的に対応した判断基準を立てます。これが概念の段階における「回り道」です。こうして得られた判断基準に従って正しく判断し、今夜の夕食メニューを決定するのです。以上のような自己決定の論理関係では、その目的も、判断基準も、実現の手段もすべて自由意思という単純で統一的な人格的主体によって規定された透明な一体的関係にあります。ですから、理解が容易なのです。

　もちろん現実の人間の場合、自分の健康状態や世界中のあらゆる料理の味や成分を完全に知り尽くしてはいませんし、材料入手のための予算や時間に加え調理器具や能力の制限があります。ですから、完全な自己決定は全知全能の神にしかできません。人間はこのような神の自己決定の実現を目標としてベストを尽くす存在にすぎません。とはいえ、目標や理念は、私たちの本質を明らかにしてくれるのです。

　要するにヘーゲルは、現代社会を生きる多くの人々にとっての究極の目標である自由の本質を論理学によって解明したのです。そして実践的法解釈のロジックの中に含まれている「回り道」とは、この自由と個性実現のために従うべき法則を定立するロジックなのです。

　ですから、このロジックは哲学を専門にしない人々にとっても比較的理解が容易です。ところが貨幣論の基礎にある商品経済の世界は、以上で述べた自由と個性の論理学である「概念」の立場から人間的な目的意識を具えた主体が捨象された世界なのです。もっといえば、そのような主体の代わりに、非人間的な物と物との必然的関係が主体になり、それらによって様々な事柄が決定される世界なのです。

　したがって、貨幣論は難解です。それは覚悟してください。

　但し、私は学者ではなく元予備校講師であり、現在は実務法律家でもあります。ですから、深遠にみせかけた抽象的な問題提起ばかりを並べて「あとは自分の頭で考えてください」といった逃げ口上で済ませるような曖昧な内容の本を書いたりするつもりはありません。予備校講師の使命は生徒（本書の場合は読者）にわからせることですから、私は本書でもそれを目指して最大限努力したいと思っています。もちろん、その成否は読者のご判断にお任せいたしますが。

5　本書の構成

　本書の構成と、読まれる際の心構えなどについて説明します。

まず、本書の最大の独自性は第1章です。そこでは私が定式化した「実践的法解釈の論理学」を敢えて詳説しています。これはまさにマルクス貨幣論理解にとっては大きな「回り道」だと思われることでしょう。中央突破を目指すなら、先述したヘーゲル論理学の本質論の読解によるべきです。

　しかしヘーゲル本質論の壁は、ヘーゲル自身が意図するところではなかったにせよ、超強豪ラグビーチームの鉄壁のディフェンスのようなもので、哲学初級者による中央突破はまず不可能なのです。なぜならヘーゲルの本質論は、ほとんどの数学や自然科学の専門家でさえ自覚していないアクロバティックな「コペルニクス的転回の論理」を、わかりやすい実例をほとんど挙げることもなく、哲学あるいは論理学の用語だけで説明したものだからです。

　そこで本書では、まずは多くの人々が比較的容易に理解できる概念の立場の論理から説明をはじめることにしたのです。マルクスの哲学や貨幣論に興味を持って本書を手に取られた方にとって、司法試験合格のための法解釈のロジックなどまったく興味がないかもしれません。しかし、そこで説明した伏線は必ず第2章以下で私が完全回収しますので、どうかまずはだまされたと思って、あるいは気楽な気持で理解を試みてください[3]。なお、法律知識がほとんどなくても理解できるように「電気窃盗は財物窃盗罪に該当するか（犯罪あるいは有罪か）」という古典的基本問題だけを中心に解説することにしましたので、その点もご安心ください。

　その後、この概念の立場のロジックから人間的な主体を引き算し、そこに物と物との関係を入れ込む貨幣論の解説へと進みます。それが第2章以降の『資本論』第1章の解読です。そこからが本書の本題です。各自で用意した『資本論』第1章の翻訳書を手もとに置きつつ、本書の第1章で理解したロジックを踏まえて読み進められることをお勧めします[4]。なお、これまで出版されている学者による貨幣論解説書の内容はあまり参考にされないことをお勧めします。マルクスの意図に反した内容の解説書が多いので、初学者が最初にそれらを参考にしますと混乱しやすいと思われるからです。

　終章はマルクス貨幣論を踏まえた哲学的考察です。西洋現代哲学の多くはマルクス貨幣論の哲学を出発点にしています。本書を読解された方々であればそのアクチュアリティをきっと実感していただけることと信じます。

---

3) なお、本書の第1章の読解をできるだけ省略されたいと考える方々も、第1章の13～16は貨幣論理解にあたって非常に重要ですので、必ず読まれることをお勧めします。
4) 新たに購入される場合には、訳文のわかりやすさの観点から国民文庫『資本論1』をお勧めします。

第 1 章

実践的法解釈の論理学

1　例題

　この章では法律学の知識がない方にとってもわかりやすくするために、できるだけ身近で、かつ基本的な問題を例に解説したいと思います。そこで、日本刑法の古典的テーマである「電気窃盗は財物窃盗罪に該当するか」という問題を例にすることにしました。問題の骨子は以下のとおりです。

　「AがBの電気を無断で使用しました。Aの行為は財物窃盗罪（刑法235条）に該当し、有罪であるか。」というものです。但し、ここに現在の日本の法律とは異なる条件を一つだけ追加します。それは刑法245条が存在しないという条件です。ですからこれは現在の日本では架空の問題です。

　まず刑法235条の条文を示しますと「他人の財物を窃取した者は、窃盗の罪とし、10年以下の懲役又は50万円以下の罰金に処する」というものです。これからの解説では下線部だけを問題にします。「財物」とは「財産的価値がある物」という理解でかまいません。

　次に、本書で排除した刑法245条の条文を示しますと「この章の罪については、電気は、財物とみなす」というものです。「この章」とは刑法235条が規定されている章です。ですから、もしもこの条文を排除しなければ「電気」を「財物」と読み替えることになりますから、「電気を窃取した者」は「財物を窃取した者」と読み替えられることとなり、電気窃盗は当然に刑法235条の財物窃盗罪に該当するということになります。しかしこれでは法解釈をする必要がまったくなくなってしまいます。

　というわけで、本書では刑法245条が存在しないものとして考えてみてください。日本ではかつて実際にそのような時代があり、この問題が大きな論争を巻き起こしたのです。

　さて、イメージしやすいように問題の事例をもう少し具体化しておきましょう。たとえば、「Aが何らかの細工をしてBが住む隣家の電源を利用して電気を盗み、10万円分の電気料金の支払いを免れました（つまり、10万円分の利得をしました）。このAの行為は財物窃盗罪に該当し、Aは処罰されるべきでしょうか」ここからはこの事例を念頭に、考えていくことにしましょう。

2　不合格答案例

　まず、初心者の司法試験受験生が書いてしまいがちな典型的不合格答案例を紹介しましょう。

刑法には財物窃取行為を処罰する規定（刑法235条）がある。「財物」とは社会通念に従えば財産的価値がある有体物を意味する。すると、電気は有体物ではないので「財物」にはあたらない。他に電気窃盗を処罰できる規定もないのでAは無罪である。

　以上のような答案です。こういう答案は出題意図（受験生は「論点」と呼びます。）を把握していない答案として、日本の司法試験ではかなりの低評価答案となります。実際、この程度の答案ならAIでも作成可能なことでしょう。司法試験において求められる法解釈とは、このような機械でもできるようなものではないのです。

3　問題意識

　さて、AがBから盗んだのは10万円分の電気です。ところで、もしもAがBから現金10万円を盗んだら明らかに財物窃盗罪になりますよね。にもかかわらず、10万円分の電気を盗んだら無罪だというのはおかしくないでしょうか。

　実は司法試験に合格するためには、このような社会規範に根ざした常識的法感覚を持っていることが重視されるのです。逆にいいますと、このような感覚なしに法律を機械的に適用して結論を出すような人は、その時点で実務法曹としては失格だと評価されるわけです[1]。なお、この常識的法感覚は、私が司法試験受験生及び予備校講師時代（平成時代の半ば頃）の刑法の世界では「国民一般の規範意識」と表現されることが主流でしたが、これはおそらく刑法学者の前田雅英先生独自の表現です。そこで、本書では「社会的規範意識」または「社会正義概念」という言葉を主に使用したいと思います。

　しかしもちろん常識的法感覚による基礎づけはそのままでは法律論ではありません。プロの法律家なら電気が「財物」に該当するという結論を法律解釈という形式で表現しなければなりません。でも、一定の形すらなく、手でつかん

---

1) 誤解されないように付言しておきますが、「電気窃盗は有罪」という結論を導かねばならないという意味ではありません。結論は無罪でもよいのです。ただ、その当罰性に関する問題意識をまったく示さずに条文知識だけを根拠に無罪という結論を出してはダメだという意味です。10万円分の電気窃盗は社会的な法感情に照らせば当罰性が高い行為ですから、正義感が強い法律家ならまず有罪にできないかを検討します。しかしその結果、後述する罪刑法定主義に照らして無罪だという結論を導くのなら、それはもちろん立派な合格答案です。

で移動することさえできない電気が有体物であるという結論を導くことは相当に困難です。かといって逆に「物」の一種であることが明白な「財物」という言葉の通常の意味に、有体物ではない電気を含めることも困難です。

しかしここで思い出してください。果たして、電気が有体物であるかどうかがこの問題意識が生じることになった根本的な理由だったのでしょうか。そうではありませんよね。現金10万円を盗んだら財物窃盗罪になるのなら、10万円分の電気を盗んでも財物窃盗罪にすべきなのではないか、つまり、両者とも実質的には同等の行為なのではないか、という疑問、これが問題意識の根源だったはずです。すると、次に問題とすべきは、その「実質的には同等」とはどういう意味なのかということです。

ちなみに、刑法学では犯罪の実質的根拠である「違法性」のことを「無価値」と表現します。そのため「行為無価値論」や「結果無価値論」という日常では使われることのない専門用語が使用されます。ですから、犯罪論は無価値論と言い換えることができます。そうすると、本書のテーマであるマルクスの価値論（貨幣論）の裏返しであるかのようで面白く対比できそうですね。

4 犯罪（無価値）の実質（概念あるいは実体）

では、犯罪の実質（実質的違法性）とは何でしょうか。もちろん、ここでの犯罪とは法的な犯罪、社会がすでに犯罪だと認めている行為のことです。そうであれば、刑法の条文に規定されている諸犯罪を考察すれば導けるはずです。そこで、とりあえず刑法からいくつかの種類の犯罪を拾ってみましょう。

たとえば、殺人罪、窃盗罪、放火罪、文書偽造罪、公然わいせつ罪、内乱罪、信書開封罪などでどうでしょうか。いずれもまったく異なる行為に基づく犯罪ですよね。しかしこれらはすべて「犯罪」なのですから、これらの異なった諸犯罪には何らかの共通な実質が存在し、諸犯罪はその実質の例示であるということになります。ちなみにそのような実質のことを哲学では「実体」あるいは「概念」と呼び、例示のことを「現象形式」と呼びます。いずれの用語も本書でこれから何度も出てくる用語で、詳しい説明は後述しますが、ここではさしあたり次の点だけ指摘しておきます。

まず、実体や概念にせよ現象形式にせよ、それら自体は手で触れたりすることができるような感覚的なものではないという点が重要です。つまりいずれも思考の産物です。実体は感性的に異なるものを結合する紐帯ですから明らかに

思考の産物ですし、現象形式も例示のようなものですから、どんなに具体的な例であってもそれは事実ではなく思考が産出したものです。

　また、ヘーゲルの哲学においては「実体」も「概念（主体）」の一種ではあるのですが、「実体」のレベルでの「概念」とは、非人間的な人格主体の概念を意味します。他方、本来の「概念」は人間的な主体の概念のことを意味します。犯罪の実体は社会的規範意識に従う人間的主体が規定しています。他方、自然科学の主体は「非人間的な物と物との関係」（自然法則）が規定しています。そこで犯罪論の「主体」は「概念」、自然科学の「主体」は「実体」と呼ばれることが通常なのですが、後者も論理的には「主体」（数学や自然法則に機械的に従って判断するような人間味のない主体）であることにはちがいありませんから、「概念」と呼ばれる場合もあるのです。実際、マルクスも「価値概念」という言葉を使用していますが、その場合の「概念」は「実体」のことです。

　さて、犯罪あるいは無価値の実質は刑法学の通説によりますと「法益侵害性（実質的違法性）」と「非難可能性（実質的有責性）」であるとされています。

　前者の「法益侵害」とは、法的に保護すべき利益、たとえば殺人罪なら生命、窃盗罪の場合なら財物の占有や所有権という財産的利益の侵害のことです。つまり、刑法学によれば様々な犯罪は結局のところ法益侵害という「一つの同じもの」を表現している類型なのです。ちなみにこの実質を概念的（人間的）に表現しますと「法益保護」という目的になります。刑法の犯罪規定は、処罰すべき法益侵害行為を処罰することによって、法益を保護するために立法されたものなのです。換言しますと、<u>犯罪の概念は法益保護を目的とする人格的主体によって産出され、規定（自己決定）されているのです</u>。

　後者の「非難可能性」という概念は、大まかにいいますと故意・過失・責任能力です。但し、その実質はやや専門的で難解ですので、本書では問題にしないこととします。すなわち本書で今後、犯罪行為の主体を頭に思い浮かべる場合には、すべて正常な判断能力を持つ人を思い浮かべてください。

　なお、法学の世界には「概念法学」という言葉があるのですが、それはここでの「概念」のまったく反対物で、哲学的にはむしろ「実体」を意味しています。「概念法学」とは、たとえばある行為を処罰することが法益保護に資する結果になるかどうか等の理由を問うことなく、形式論理学的に条文の言葉の意味に該当する行為を犯罪だと認定してしまうような、いわば数学的自然科学的な法律解釈を正当とする立場のことです。本書で使用する「概念」とはこれと

はまったく逆の、人間的な意味での正義や悪の概念であることには注意してください。

5 実践的法解釈の正解

　それでは次に実務法律家あるいは合格レベルの司法試験受験生がいかにして「電気窃盗は犯罪（財物窃盗罪）である」という結論を出すのか、という問題の考察へと進みましょう。要するに、模範的な司法試験合格答案例です。これからそれを示しますが、今後の解説の便宜のために、一定のまとまりごとに番号を付して区分しておきます。

①そもそも刑法の目的は法益保護であるから、犯罪の本質は法益侵害であり、したがって、財物窃盗罪は、財物の占有を奪う行為を処罰することによって、財産的法益侵害を防止し、個人の財産権という法益を守るために規定されたものと解すべきである。

②そうであるなら、電気には財産的価値があるから、電気を窃取する行為について窃盗罪の成立を認めることは、窃盗罪処罰規定の制定趣旨に合致する。

③また、「物」とは社会通念上、有体物だけではなく、五官の作用によってその存在を認識でき、人力による管理や支配により所持や移転が可能なものも含むと解することが可能である。

④したがって、刑法235条に規定された「財物」とは有体物に限られるべきではなく「財産的価値がある可動性を具えた管理可能なもの」も含むと解すべきである。

⑤すると、電気には財産的価値があり、充電等の方法によって可動性を具え、人力によって管理可能である。

⑥したがって、電気は刑法235条の「財物」に該当する。よって、電気窃取行為は、刑法235条の窃盗罪に該当し、有罪である。

　以上が、私が司法試験受験予備校講師をしていた頃に定式化した実践的法解釈のロジックに忠実に従った解答例ですが、その内容解説に進む前にあらかじめ指摘しておくべきことがあります。

6 罪刑法定主義

　実は上記の答案の書き方には、刑法の答案の場合に限ってやや減点されるリスクがあるのです。刑法解釈には罪刑法定主義という憲法上の要請があるからです。そこで、私は刑法の答案を書く場合に限り②と③の順番を入れ替えることや、②をあまり強調しすぎない[2]ことを受験生に勧めていました。②の重要性をあまりに強調しすぎますとその答案作成者が「電気窃盗は処罰の必要性が高いから罪刑法定主義という憲法上の要請を軽視してよい」と考えているかのように思われ、減点される場合があるからです。

　しかし、以上のことはあくまでも司法試験合格対策上の話です。つまり、実際の実務法曹が行う思考は原則として上記答案の順番なのです。とりわけ、民事法の解釈の場合のように罪刑法定主義の要請がない場合には①と②が結論を導く決定的な理由になることが通常です。刑法の場合にはこの順番で思考しつつも、憲法に基づく③の理由を重視する立場から電気を「財物」であると解することはどうしてもできないと結論し、無罪という結論を導く方はいらっしゃると思います。しかし、そのような法曹の方であっても、まず、原則は①から順に思考するのです。なぜなら、<u>①→②が実践的法解釈のロジックの本質</u>だからです。

　というわけで、ここから先の解説は、ひとまず、罪刑法定主義のことは忘れて読み進めてください。

7 実践的法解釈と法の支配の原理

　というわけで、まずは①から順番に簡潔に法的内容を解説します。哲学的な検討はその後に行います。

　現行法の財物窃盗罪を最初に規定したのは明治時代の立法者です。その後、言葉遣いが現代風に改められたり、刑罰の重さが変えられたりもしましたが、ある行為が財物窃盗罪に該当するかどうかの基準（これを法律学では財物窃盗罪の「構成要件該当性」と呼びます）は変わっていません。ですからここでまず読者に気づいていただきたいことは、この財物窃盗罪規定は現在の国民が立法したものではないですし、一人の有能な立法者が一貫した理念に基づいて体

2）②を強調する場合には前田雅英氏が提唱された「実質的犯罪論」の正当性を論じる必要があるのですが、専門的な話になりますから本書ではその解説を省きます。詳しく知りたい方は拙著『法解釈の正解』や『論文合格答案の基礎』を参照してください。

系的に立法した刑法の一条項でもないということです。ですから①に記載された解釈根拠としての立法者意思が事実であるとの証明はありません。少し考えてみれば誰でも気づくことですよね。

　ところが、このような事実に基づかない理由による論証こそが司法試験の答案上で行うべき、あるいは裁判官が判決書に書くべき正しい法律解釈の肝なのです。法律家はこのような解釈を時に「法の支配の原理」に基づく解釈だと正直に告白します。それは感情や欲望や恣意に流されがちな人々の「多数者意思」による支配ではなく、そうかといって文理（条文の言葉の形式的な意味）や論理のような形式的なものによる支配でもなく、人間的人格に基づく「概念」や「目的」による支配だという意味です。つまり、司法試験で求められる法解釈は多数者意思をも制限するものなのです。

　以上のことは民主主義を多数決主義と混同している人々にとっては驚くべきことかもしれません。しかし、少し考えてみれば多数者意思が真理や正義の証明にならないことに気がつくはずです。たとえば、国会で「2+2=5」と議決しても、その国が全体主義国家でない限り、それが認められることにはならないでしょう。ですから、法の支配の原理が多数者意思を制限するからといって、正義や民主主義に反する考え方ということにはならないのです。民主主義は多数決主義ではないからです。

　具体例で説明しましょう。たとえば、日本国憲法は歴史的事実としては明らかに日本の戦後処理の一環の中で制定されたものです。ですから改憲派の中には「押しつけ憲法」と呼ぶ人もいます。しかし護憲派の多くは、現行憲法を個人の尊重や人権尊重主義というような現在の私たちの理念に基づいて制定されたもの、つまり、制定時のではなく現在の国民の理念を具体化したものであると断言します。法解釈の実務の観点からはどちらが正しいのか明らかです。実践的法解釈は事実に基づくのではなく概念、それも現在の概念に基づくことがルールです。ですから、実践的法解釈の論理の正しさという基準だけに従って評価しますと、護憲派の憲法解釈が正解なのです。実際、どんなプロの裁判官も判決書の中で、「現行憲法は押しつけ憲法であるから国民主権に基づいたものではなく、したがって適用を制限すべきである」などと宣言することはないはずです。私たちの憲法が「押しつけ憲法」であったということは過去の事実にすぎません。実践的法解釈はそのような過去の事実ではなく、また、現在の単なる多数派意思でもなく、現在の国民一般が尊重している社会正義概念に基

づいて行われるのですが、このような考え方こそ近代の自由民主主義思想なのです。

　さて、本書の最初にも書きましたが、私は司法試験受験生になったときにはじめて、哲学が現実の中に生きていることを知りました。その理由はいま述べましたように、実践的法解釈の根拠が事実ではなく、現代社会を支配している概念や理念だということに気づいたからです。しかし、このことを実務法律家に話しても理解してくださる方はほぼ皆無でした。彼らのほとんどは、自分たちは常に条文と客観的事実と証拠に基づいて判断しており、むしろ哲学こそが事実や証拠に基づかない胡散臭い理論を提示しているのだと信じているように感じられました。しかし、実際は逆なのです。実務法曹たちにとってこの社会において支配的であるべき主体は理念や概念なのであり、その考え方においてはヘーゲル観念論の立場と一致していたのです。他方、多くの日本の哲学研究者の方こそ、私にいわせれば理念や概念ではなく、文献学や思想家自身の言葉という事実に拘束されて議論をしていたのです。

　さて、話を本題に戻しましょう。②は①の帰結です。これは問題ないですね。

　続いて、③についてはすでに説明しましたように罪刑法定主義上の理由づけです。詳細は本章の11で解説しますが、電気を「物」と解釈することが「言葉の社会通念上の意味に反しない」という理由づけです。この場合の根拠は概念や理念ではなく「言葉の社会通念上の意味」という事実です。ですから形式的な判断であって、本来は科学的証明さえも不要です[3]。

　④は②及び③から導かれる論理的帰結、⑤がその帰結の事実への当てはめで、⑥がこの問題の最終結論です。というわけで全体が三段論法になっていることにも気づくことでしょう。①〜④によって大前提が導かれます。⑤が小前提で、⑥が結論です。

　とはいえ、⑥の表現に違和感を覚えられた方がきっといらっしゃるかと思います。その方は、とても論理的思考能力の高い方です。実は⑥の表現には、とりわけ貨幣論において重大な結果を生み出す原因となるすり替えあるいは隠ぺいが存在しています。この点については後述しますが、本書ではいずれ非常に重要な部分になりますので、忘れないように頭の片隅に置いておいてください。

3）但し、科学が一般化している現代では、科学的な結論が社会通念と一致している場合が多いので、その場合には科学的証明も根拠になります。

8 実践的法解釈の由来と実務法曹の使命

　ここからは私が先程「実践的法解釈のロジックの中心」だと説明した「①→②」の過程で何が起きているのかについて哲学あるいは論理学的に考察することで、その実務法曹にとっての意味を解説します。

　すでに述べましたように、実践的法解釈においてその解釈根拠とされる立法者意思は歴史的事実ではありません。裁判や司法試験の世界では「立法趣旨」、「制定趣旨」、「理念」、「本質」、「実質」などと呼ばれますが、それは哲学における概念や理念、要するに形而上学的な産物です。ではこの産物はいったいどこから生じてきたものなのでしょうか。

　実はこのような概念や理念こそが法解釈の黒幕、ヘーゲルが有名にした「ミネルヴァのフクロウ」なのです。ミネルヴァとはもともとローマ神話における知恵や工芸の神の名前でしたが、ヘーゲルが彼の代表作の一つである『法の哲学』において「ミネルヴァのフクロウは黄昏に飛び立つ」という比喩を使ったことによって「黒幕」というニュアンスが強くなったように思われます。

　このような黒幕の正体は時代の円熟期（黄昏）になってはじめてはっきりと姿を現わします。つまりミネルヴァのフクロウは一つの時代が崩壊し、新しい時代が生まれようとするときに姿を現わすのです。というのは黒幕の正体の判明とは、それまで私たちが普遍的な真理だと信じていたことが、ほんとうは<u>黒幕の意思に基づく特殊な真理にすぎなかったということの判明を意味するから</u>です。

　まったくの余談ですが私も弁護士として独立し、自分の事務所の名称をどうしようかと考えたとき、ヘーゲル哲学にたいへんお世話になった者として「ミネルヴァ法律事務所」という名称を有力な一候補にしていました。しかし、先述したヘーゲルの言葉のニュアンスを考慮しますと「ミネルヴァ法律事務所」の所長弁護士の私は、私ではない何か別の黒幕の傀儡弁護士だということになり、しかも、その黒幕が正体を現わした時に自分の事務所が崩壊するという不吉な意味になりかねないとも感じたことから、やめることにしたのでした。いまでは、その名称にしなくてほんとうによかったと思っています。

　さて、話を本題に戻しましょう。解釈者が刑法235条の立法者意思（解釈根拠）とした人格的主体などはもちろん実在しません。ではいったいそれはどこからやってきたのでしょうか。

　探偵ドラマでは犯人が暴露された後にいわば「名探偵の掟」とも呼ばれるよ

うな定番の質問があります。それは「探偵さん、あなたはいったいいつから私が犯人だと気づいていたのですか」という質問です。その回答はたいていの場合、そのドラマの最初の方の平凡なワンシーンだったりします。

　ということで、読者の皆さんは気づかれたでしょうか。そう、犯人の手がかりは司法試験の答案の冒頭における問題意識に存在していたのです。それは「10万円分の電気窃盗は10万円の窃盗と実質的に同じだから、犯罪かどうかはこの観点から判断すべきである」という法律解釈者が行った最初の実質的な当罰性判断です。つまり、解釈者はこの最初の段階で、すでに自らが信じ、従っている社会正義概念に基づいて結論を出していたのであって、実践的法解釈はその概念の表現（自己実現）様式にすぎなかったのです。

　ですから実践的法解釈の真理は、解釈者の心の奥底に存在していた社会正義概念です[9]。つまり、実践的法解釈とは解釈者が信じる社会正義概念の、法解釈の論理という「回り道」を経由した表現あるいは実現だったというわけです。

　私が司法試験受験予備校講師になったときに生徒の受験生たちに対して常に自覚を促してきたことはこのことでした。すなわち実務法律家にとって「法律の条文がこうなっているから自己が信じる社会正義に合致した結論を導けないのだ」という言い訳は原則として許されないのです。私たち実務家にとって実践的法解釈とはそもそも解釈者の心の奥にある正義感や情熱に基礎づけられた概念や理念の実現行為なのですから、後述する罪刑法定主義のような憲法上の制限が存在している例外的な場合を除けば、よほどの極端な場合を除いて、私たちは自己が信じる正義を、現行法の条文解釈を通じて肯定できるはずなのです。もちろんその解釈を裁判所が認めてくれるかどうかは別問題です。しかしだからこそ、それを認めさせるために全力を尽くすことが、実務法曹の大きなやりがいでもあるのです。つまり、正義（価値や本質）は条文の属性ではなく、解釈者自身の属性なのです。

　但し、この場合の解釈者の属性は単なる独善や恣意的なものではありません。解釈者が信じる社会的規範意識には拘束されています。つまり、解釈者が自発

---

4)「心の奥底にある正義の理念」などと表現しますと強烈な情熱のようなものだと考えられがちですが必ずしもそうではありません。なぜなら、この理念自体が現代の社会的規範意識に規定されている場合が通常だからです。その結果、有名な流行歌（『情熱の薔薇』）の歌詞にもありますように「なるべく小さな幸せとなるべく小さな不幸せ」を人間的な幸福と感じるような抑圧された理念である場合もあるのです。

的に従う社会正義概念に規定された自由意思であるという点にはくれぐれも注意してください。

9　実践的法解釈の正体

さらに詳細に考察してみましょう。

①の理由の中で解釈者は財物窃盗罪の立法者意思につき、「財物の占有侵害行為を処罰することによって、個人の財産権という法益を守るために規定されたのである」と述べました。この概念は、すでに説明しましたように解釈者の心の奥にあったものです。

では刑法 235 条の明治時代の立法者の心の中には果たしてあったのでしょうか。あったという可能性は高いかもしれません。しかし、法解釈においてそれはどうでもいいことなのです。その理由もすでに述べましたが、通常はそのような事実の証明ができませんし、仮にできたとしても法解釈の主体は過去の立法者意思という事実ではなく現在の社会において支配的な正義（法）の概念なのですから関係がないのです。

以上のことから明らかなように、実践的法解釈においては実定法の存在が完全に無視されているのです。なお、だからこそ実務上はもう一つ別の角度からの法解釈を付け加えることになっているのですが、それについては本章の 12 で解説します。

さて、そうしますと「電気窃盗は財物窃盗罪に該当する」という結論を導く根拠としての「刑法 235 条」なるものは、ほんとうは誰が立法したものなのでしょうか。もはや明らかですね。法解釈の主体である裁判官本人です。たしかに、条文の文言は明治時代の国会が規定したものからまったく変更されていません。しかし、実践的法解釈の「法解釈者」は、そのあるがままの条文を、自分自身が信じる社会正義概念の実現手段（凝固）としての条文に変更してしまっているのです。ですから、実践的法解釈は、「法解釈者が従っている社会的正義概念」に基づく「法解釈」、逆にいいますと、実定法には基づかない「法解釈」だったのです。

というわけで、実践的法解釈の正体は、法解釈の主体による腹話術あるいは自作自演です。だからこそ、先述しましたように論理的思考能力が高い方は⑥の表現に違和感を覚えるのです。

10 司法試験受験対策における「回り道」の意義

　私は司法試験予備校講師の頃、受験生にはまず、いま私が説明した実践的法解釈のロジックを無心で少なくとも100回以上繰返せ！と指導していました。このような司法試験受験対策のことを学者は時に「マニュアル主義」などと称して批判するのですが、私は以下で述べる二つの理由により的外れな批判だと感じています。

　まず、司法試験は実務家登用試験です。ですから、理論よりも実践的訓練こそが重要なのです。たとえば寿司や和食の本質について理論的に極めていることと、回転寿司に負けない程度にマグロやコハダが握れたり大根の桂剥きができたりすることとは違います。司法試験受験生の指導とは料理でいえば高尚なうんちくを語れても、自分では寿司の一貫も握れず、大根の桂剥きもできない人を育てる仕事ではなく、正義感や理念は素朴でも、基本に忠実な実務ができるような人材を育てることにあります。法曹実務家にとっての実践的法解釈とは和食の板前にとっての大根の桂剥きのようなものなのです。どんなに正義感が強く、人格的に高潔で、理論の理解力が高い人であったとしても、それを正しい法解釈の形式で表現できなければ実務法曹としては失格です。この表現能力を徹底的に鍛えるのが私の実践した司法試験予備校教育の本質で、そこに大学教育との本質的相違点があったわけです。二つ目の理由は本書においてはさらに重要なものなのですが、それはもう少し後に説明したいと思います。

11 罪刑法定主義と形式的犯罪論

　ここで、これまで度外視してきた罪刑法定主義の話をすることにしましょう。

　「回り道」に基づく法律解釈は、以上のように、解釈主体の自由意思の実現行為でした。しかし実定法、たとえば刑法の財物窃盗罪規定（刑法235条）は明治時代の国会が立法したものです。ですから、それを現代の解釈主体（裁判官等）の自由な自己実現手段に用いることは不当であるとも考えられます。

　このような思想に基づく法解釈が頼る方法の一つが、罪刑法定主義に基づく形式的法解釈です。この立場は、裁判官の社会正義概念や理念に基づく実践的な法解釈を、条文の言葉の社会通念上の意味、すなわち言葉の属性によって制限しようと考えるのです。この罪刑法定主義を重視する犯罪論は「形式的犯罪論」と呼ばれています。他方、すでに詳しく説明した実践的法解釈を重視する犯罪論は「実質的犯罪論」と呼ばれています。

この場合注意すべきことは、形式的犯罪論が重視する「条文の言葉の社会通念上の意味」における「社会通念」は、「社会通念上、処罰にあたいすべきか」というような規範に関する社会通念（社会的規範意識）ではなく、国語辞典の最初に載っている言葉の意味のような「言葉の意味の社会通念」である点です。

　たとえば漫才のツッコミ担当がボケ担当を叩くことはよくあります。叩く行為は「暴行」の典型です。ですから形式的犯罪論によりますと、このような行為は暴行罪における「暴行」に該当することになります。但し、この立場でも社会的相当性が認められるからという理由で結論的には無罪になりますが。

　他方、実質的犯罪論は「暴行」という文言の意味を最初から「処罰にあたいする暴行」という意味だと解釈します。すると、ツッコミ担当がボケ担当を「叩く」行為は、社会通念上そもそも暴行罪による処罰にあたいしませんから、暴行罪の「暴行」に該当しないと考えるのです。つまり、実質的犯罪論は「暴行」を、その社会通念上の言葉の意味である「有形力の行使一般」と考えるのではなく（そのように考えますと「叩く」行為は暴行の典型ですよね）、「処罰にあたいする程度の有形力の行使」に限るというように規範的に解釈するのです。このような「暴行」の意味はもちろん国語辞典には載っていません。これは刑法独自の言葉の意味ですから、たしかに罪刑法定主義に反する可能性があります。

　さて、このような罪刑法定主義は憲法の自由主義理念に基づくものとされています。なぜならそれが実現されれば、その国で処罰される行為が、ほとんどの国民が共有している言葉の社会通念上の意味に基づいて国民に告知され、それによって国民の行動の自由が保障されることになるからです。言い換えますと、国語辞典に載っていないため、人によって異なる可能性がある言葉の規範的な意味によってではなく、国語辞典に載っている、ほとんどの国民が共有する社会通念上の言葉の意味によって何が犯罪であるのかが明確に告知されることで、国民が処罰されない行為を明確に認識し、胸を張って自由にできることが保障されるとされているのです。

　しかし、この考え方は現代社会において非現実的な仮定を前提にしている可能性が高いのです。その仮定とは、国民は皆刑法の条文を知っており、さらに、国民は刑法の条文文言を社会的規範意識ではなく、言葉の社会通念上の意味に従って解釈しており、しかも、その解釈結果に基づく損得勘定で自己の行動の是非を決めているという仮定です。

　しかし実際には多くの国民は刑法の条文文言を知りません。仮に殺人罪や窃

盗罪など一部の有名な刑法の条文を知っている国民がいたとしても、その国民がそれらの条文の言葉の意味を社会通念や国語辞典に従って解釈するとは限りません。一般国民も人間ですから、刑法の条文文言を社会的規範意識のような概念に従って解釈することは十分にありえることです。

　たとえば私たちがこれまで考察してきた電気窃盗の可罰性について、「電気は「財物」にあたらない。したがって、「電気窃盗は財物窃盗罪に該当し、有罪である」と判断すれば国民の予測可能性が害される。そこで、現行法上、電気はいくら盗んでも無罪だと判断すべき。[5]」と裁判官が言ったとしたら、さんはどう思われることでしょうか。むしろこのような判断の方が予想外で、意表を突かれることになるのではないでしょうか。そうなってしまうのはおそらく、多くの国民の意識が社会的規範意識に規定されているために、国民自身が条文の言葉を本能的に概念的に解釈してしまうからだと思います。なぜなら刑法をはじめおよそ法律の解釈根拠は単なる実体ではなく私たちの人間的な社会正義概念だからです。つまり、国民自身が刑法を実質解釈してしまうわけですから、形式的解釈を前提とする罪刑法定主義の要請の方が、かえって、国民の予測を裏切るという本末転倒な結果を生むことになるわけです[6]。

　というわけで、条文文言の社会通念上の意味でいかに明確に犯罪行為を予告しても国民の自由は保障できないという、憲法尊重派にとっては予想外の結果が生じてしまうのです。実際には、国民の社会的規範意識に照らして処罰すべき行為かどうかを判断する方法が、一般国民の予測を担保し、自由保障につながる結果を導くことが現実では多いのです。そして実は、これはヘーゲル哲学的な意味での真の民主主義概念とも一致するのです。なぜなら、この場合に法律の内容は、立法された当時の過去の事実的な民意ではなく、解釈及び適用される時点における国民の生きた現実の社会的規範意識によってコントロールされていることになるからです。要するに、法律は実質解釈によって、現代の私たちにとっては疎遠な明治時代の民意の産物から、活き活きとした現実の民意の産物へと作り替えられるのです。

　しかし、ここからは筆者の私見ですが、にもかかわらず私は実は実質的犯罪

論の立場には反対なのです。なぜならこの立場はほんとうに自由な個人たちの民意を前提にしておらず、最初からいまの社会的規範意識に規定された、個性的ではない個人たちの民意を前提にしているからです[7]。他方、憲法は価値観の多様性を前提としています。それが真実だからです。つまり、真実として人間たちの価値観が多様である以上、どんな行為を処罰すべきかについても万人が一致することはできません。殺人や窃盗のような典型的な犯罪は別として、それ以外の行為の場合、多くの国民にとって当罰性が当然のことと感じられるものでも、一部の国民にとってはそうではない場合があります。ですから実質的犯罪論によりますと、一部の個性的で主体的な国民にとっては予想外の行為が処罰されることになり、個性が発揮できなくなります。真に個性的で主体的な人々は、常に社会の多数派の意識に配慮しなければ行動できなくなり、個性が抑圧されます。ですから、社会の一般的な価値観と異なる考え方や主張を持つ個性的な人々に対し、社会の決まり事を事前に予告し、自由な行動を保障するためにも罪刑法定主義の意義は大きいと私は考えるのです。

12 刑法 235 条の解釈根拠の二面性と三権分立

　私が司法試験受験生だった頃によく話題になったものの一つに「司法試験における法解釈の答案では理由をいくつ付すべきか」というものがありました。というのも、当時の司法試験受験予備校が受験生に提供してくれる資料には一つの論点すなわち法解釈の論証について、ありったけの数の理由づけの例が挙げられていたからです。4個や5個は当たり前で、多い場合には10個を超えるものもありました。

　この問題の解答にはいろいろな説が当時存在していて「多ければ多いほどいい」説や、仏教の三尊やキリスト教の三位一体説を根拠に「3個付けるべき」説なるものをまことしやかに語る予備校講師もいたように記憶しています。しかし仮に3個説を採るにせよ、どんな理由でもいいから3個選べばいいというものではないでしょう。

　私は本質的には2個だと教えていました。その場合の2個とは司法府の立場からの理由づけと立法府への配慮に基づく理由づけです。司法試験なのですから司法がよりどころにする前記の②、すなわち社会正義概念に基づく理由がいちばん重要なのは当然です。しかしさすがにそれだけでは不十分で、前記の③の理由についても配慮を示すことが立法府に対する礼儀というものです。

ですから私が司法試験における法解釈の理由づけを2個だと教えていた理由は、この社会の統治システムが三権分立に基づいているからなのです。ここでの三権分立とは、行政府の強大な権力を立法府と司法府とでチェックする統治のあり方のことです。

　すると気づいた人も多いと思われますが、私が受験生に教えていた司法試験受験対策（論文合格答案作成法）、学者からはマニュアル主義と批判されがちなそれは現代社会の三権分立という統治システムの縮図だったのです。現代社会が三権分立に基づくこと、そのことから、法解釈における本質的な理由づけは「趣旨（哲学者が「概念」や「理念」と呼ぶ言葉）からの条文解釈」という司法の立場からの理由づけと「条文文言の社会通念上の意味に基づく罪刑法定主義」という国会への配慮のための理由づけということになるのです。これが、予備校の司法試験受験対策をマニュアル主義だと批判する人々に対する二つ目の反論理由です[8]。

　以上のことから理解していただきたいことは、社会科学におけるロジックには、それが「科学」と呼ばれるものである以上、それを必然にする社会的事実が背景にあるのだということです。そのような社会的事実によってロジックが基礎づけられているからこそ、それは恣意的な思考ではなく必然的で科学的思考なのです。実は、マルクスもまったく同様に、貨幣論のロジックを社会的生産様式の反映だと考えていたのです。ですから、正しい実践的法解釈と貨幣論のロジックは、私たちが生活している社会の本質を解明する手段になるのです。

⑺ そうなってしまうロジックは後述する貨幣論における「展開された価値形式」論以降で明らかにされます。

⑻ 以上のように、私にとっての予備校教育は現代社会の本質に基礎づけられた必然的で科学的な思考方法の教育だったのです。他方、私の大学時代の教授たちや司法研修所の教官たちは、私が思考方法の根拠について質問しますと「自分の頭で考えろ」と言って突き放す人ばかりでした。彼らは生徒の個性実現のための正しい思考方法を教えないどころか、そんなものは存在しないと考える個性軽視の立場だったのです。これは私にいわせますと日本の学校教育の最も悪い部分で、このような考え方こそが、語呂合わせ等による暗記主義や「どうせ正解がないのなら、権威に従うことが無難」といった考え方を生み出してきたのです。実際、私が学んでいた時代の多くの大学生や司法修習生たちの試験勉強の方法のほとんどは、講義での先生の板書事項の暗記でした。
　ちなみに私の場合は高校時代も毎日のように暗記テストを強要され、できなかった時には居残りをさせられ、先生たちから罵倒されました。実は、私はそのような高校教育に失望すると共に強いストレスを感じたために、高校を中退したのです。
　他方で予備校教育は生徒の個性実現のための正しい思考方法の習得訓練をしてくれる場でした。ですから私にとっては、これまでの日本で学習権実現に真に寄与してきた教育機関は権威主義と暗記主義を推進する学校ではなく、個性を尊重し、自律達成に向けての手ほどきをしてくれる予備校だったとしか考えられないのです。

13 実践的法解釈の論理の定式

　ここで、これまで説明してきた実践的法解釈のロジックを定式化しておきたいと思います。ここから本章の16までは、マルクスの時代の経済学を混乱に陥れた仮象[9]とその発生の仕組の理解に不可欠な部分ですから、決して読みとばさないようにしてください。

　さて、まず司法試験受験対策用に単純化した定式を以下に提示しておきましょう。これは単なる参考にすぎませんので読み流してもらってもかまいません。

$$F \rightarrow A \rightarrow s \rightarrow A \rightarrow K$$

　F：事実（Fakt）
　A：条文（Artikel）
　s：趣旨または概念（Subjekt）
　K：結論（Konsequenz）

　定式における小文字は頭の中の観念で、感覚では把握できないもの（目には見えないもの）です。

　これが私が司法試験予備校講師時代に受験生たちに教えていた法解釈の思考手順及び答案を書く手順の定式です。法律解釈の論理部分に限るなら、

$$A \rightarrow s \rightarrow A$$

　です。ちなみに、本書で使用する記号はドイツ語を基礎にしましたが、当時の予備校での授業ではもちろんドイツ語を使用していません。

　これまで考察してきた法解釈のテーマに沿って解説しますと、事実Fとは実際に実行された具体的な電気窃盗行為のことで、司法試験では問題文で与えられた事実です。

　条文Aは刑法235条のことで、これも実定法の条文として、法解釈の外から与えられます。すなわち、思考によっては導けませんから、受験生はあらかじめ暗記しておくか法令集で調べることによって知らねばなりません。

　sは実践的法解釈にとって最も重要な解釈根拠、解釈者が信じる社会正義概

念を表す記号です。社会正義概念はもちろん感覚的に把握できるものではありません。したがって、「目に見えないもの」であるということを示すために小文字で表示することにしました。

このsは法律の分野では「趣旨」と呼ばれることが多いのですが、前述しましたように「理念」、「本質」、「実質」などと呼ばれることもあります。哲学の分野ではそれが人間的な人格的概念に基づくものの場合には「主体（Subjekt）」、物と物との関係のような客観的な概念に基づくものの場合には「実体（Substanz）」と呼ばれるのが普通です。法解釈の根拠は人間的な人格的概念ですから前者の意味でのsです。実践的法解釈ではAではなく、このsが主体となって条文を解釈し、条文の意味を具体化するのです。そして最後に、再び条文Aに基づいて有罪または無罪という結論Kが導かれるのです。

司法試験受験対策上の実践的法解釈の論理や手順の理解としてはこれで十分です。当時の司法試験は試験時間が厳しく制限されており、しかも受験生の多くが極度の緊張状態を強いられる超難関試験でした。そのような試験では単純明快なロジックこそが効果を発揮します。ですから、私は受験生に、この単純化した定式だけしか教えませんでした。

しかし貨幣論理解のために使えるものにするためには、もう少し詳細に定式化しておかねばなりません。それが次の定式です。この定式は、今後の貨幣論の解説で何度も参照することになるものです。また、本書で今後「定式」という言葉を使用するときは下記の定式のことを指すことにします。

$$F \rightarrow pA \rightarrow sa \rightarrow (pA \rightarrow saA) \rightarrow K$$

a：sの凝固（社会的正義概念のイメージ）
p：立法時の国会（Parliament）の意思
　大文字と小文字を区別した理由は前記と同じ。

この定式は貨幣論、とりわけ価値形式論で考察対象となる「回り道」の理解を容易にするために私が試行錯誤の末に案出したものです。ですからまだベス

⑼「真実とは異なる単に主観的な知」のことを哲学では「仮象」と呼びます。なお、仮象に対して「現象」は客観的で必然的な知です。日常用語でいえば、現象は科学的な知、仮象は非科学的な知のことだと考えてもらってかまいません。

トのものかどうかはわかりません。もっとわかりやすいものに改善する余地があるかもしれません。

　定式のうち、貨幣論のロジックの中心部分は「pA → sa → （pA → saA）」です。この部分で注意していただきたい重要ポイントは、上記定式部分において感覚的に把握できるのは A だけだという点です。つまり、pA も saA も見かけは同じ A なのです。だからこそ、司法試験対策ではこの部分は「A → s → A」だったのです。

　また、a は解釈者の頭脳の中における s の産物です。ですから五官では把握できませんが、解釈者各自のイメージとしては存在しています。マルクスはこれを「対象性」と呼んでいます。この対象性が誰の目にも見える客観的な姿になったものが「対象」で、saA における A がそれに該当します。

　pA における p は事実としての立法者意思で、日本の刑法の場合は明治時代の国会の意思や、その表現である条文文言の社会通念上の意味等です。pA の A は実定法です。

　国会が決めた法律は社会正義概念だけではなく様々な党利党略等の結果です。実際、日本では残念ながら重要な法律が強行採決で成立したり、党利党略に基づく駆け引きや妥協によって成立したりする場合があります。ですから p はおそらく s を含んでいるでしょうけど、それ以外の不純物もたくさん含んでいます。

　しかしすでに説明しましたように、司法が実践的に法解釈をする場合にはそのような事実としての立法者意思にはまったく拘束されません。強行採決や党利党略に基づいて成立した法律でも明らかに憲法に反する法律でない限り実務法曹はその立法者意思を自分が信じる純粋な [10] 社会正義の理念に入れ替えることによって統一的、体系的に解釈するのです。それが法の支配の原理の実現だからです。そこで、国会が立法した法律 pA は最終的には saA、すなわち司法あるいは裁判官が信じる純粋な社会正義概念が立法したものの例示（「現象形式」）にされるのです。

　ところで、そうしますと定式の最後の部分の真実は saA → K ということになります。しかしそれは五官で捉えますと A → K ですから、この場合の A が pA なのか saA なのかはわかりません。否、実務の世界ではむしろはっきりしています。裁判官はこの saA をたとえば「刑法 235 条」、つまり pA だと宣言する [11] からです。この場合、saA が真の判断根拠である点については変更し

ないわけですから、裁判官が言っていることの意味は「pA はもともと saA だっ
たのだ（pA → saA）」ということになります。それがこの定式の意味です。

　しかし、これは裁判官による見え透いた嘘であると同時に、「回り道」が生
み出す明らかな仮象です。では、裁判官はなぜこのような見え透いた嘘をつく
のでしょうか。その理由はすでに述べたとおり、憲法が三権分立を建前として
いるからです[12]。また、そのことは裁判官にとって、客観的にみて（当の裁
判官が意識しているかどうかは別として）好都合な一面があるからなのかもし
れません。なぜならこの嘘は自己立法の隠ぺいですから、責任回避につながる
のです。つまり、「私の判断は、私自身による判断ではなく、国会の意思に従っ
た結果です」という言い逃れができる根拠になるのです。とりわけ、死刑判決
を出さねばならない場合などにはそうだと思われます。

　しかし実はこの嘘にはそのメリットを上回るかもしれないデメリットも存在
しているのです。次にそのことについて説明しておきます。

14 「回り道」が生み出す仮象

　ここでは「回り道」が生み出す仮象について説明します。これから説明する
ことはマルクスの貨幣論理解にとって非常に重要ですので、しっかりと理解を
試みてください。

　実践的法解釈のロジックに含まれている「回り道」は、裁判官が三権分立下
において法の支配の原理に基づく自由な法解釈を実現するための合理的な表現
手段です。具体的に説明しましょう。たとえば或る裁判官が法律の条文文言で
はなく、自らが把握し、信じてもいる社会正義概念だけに基づいて直接に結論
を導いた場合、それは裁判官あるいは司法による独善的判断と評価されかねま
せん。そこで裁判官は（pA → saA）→　K と表現することによって、自己の
判断結果の根拠を国権の最高機関である国会が定めた実定法であるかのように
みせかけるのです。

---

[10] この純粋性は食品に対するサプリメントのようなものです。食品は味覚を刺激します。しかし、そ
の本質は栄養にすぎません。感覚を排除する本質や概念に基づく解釈とは食品から味覚を刺激する
不純物を取り除き、サプリメントへと純化するような思考のことをいうのです。

[11] これは貨幣論では「使用価値が価値の現象形式となる」と表現されます。

[12] 厳密に説明しますとそれは建前にすぎず、ほんとうの理由は社会的正義概念が感覚的に不可視であ
るため、Aを自分の身体にしなければその概念の個性的な意味を表現できないからです。この点に
ついては次章以下のマルクス貨幣論の解読の中で説明します。

人が人を裁く根拠は司法の独善であったり、ましてや裁判官個人の恣意であったりしてはいけませんよね。ですから、この実践的法解釈の表現方法は、まさに三権分立と法の支配を原理とする私たちの現代社会の仕組に調和しています。だからこそ、これが司法試験でマスターすべき答案の書き方なのです。

　しかし、ここからが重要です。読者の方々は、いまの私の説明に大きな違和感を覚えなかったでしょうか。

　そのような読者は必ずやいらっしゃることでしょう。そう、この「回り道」は、実際には裁判官の完全な独善を国会の意思と合致している判断、したがって、独善的ではない判断であるかのようにみせかけるやり方、すなわち、詭弁なのではないのかと。

　しかし、その違和感は杞憂あるいは仮象にすぎません。本書をここまで読まれた方々ならその理由をすでに知っているはずです。すなわち、有能な裁判官による法解釈のほんとうの根拠は、司法試験合格レベルの答案の冒頭で示される問題意識を基礎づけている客観的な社会正義概念です。ですから、有能な裁判官の判断は独善ではなく、社会の判断と同視できるのです。言い換えますと、有能な裁判官による刑事裁判の主体は個人ではなく現在の生きた社会正義概念、すなわち真に民主主義的な判断なのです。しかし、以上のことは実践的法解釈の正体をすでに知っている本書の読者にとって明らかなことにすぎません。それを知らない多くの人々は、どのように考えることになるでしょうか。

　そのような人々とは、「回り道」が生み出す仮象にだまされている人々のことを指します。ですから、彼らにとって実践的法解釈は、社会正義概念に規定された裁判官による自由な自己実現ではなく、先述した条文（pA）の形式解釈であるかのようにみえてしまうことになるのです。するとその場合、たとえば先に考察した例題において現代の有能な裁判官が導いた「電気窃盗は財物窃盗罪に当たり有罪である」という帰結は正しい法解釈といえるでしょうか。この法律解釈は、実は罪刑法定主義違反の疑いがある刑法解釈の代表例とされていますし、実際、だからこそその後に刑法245条が追加立法されたという歴史的事情まであったわけですから、その結論は予想がつくことだと思われます。しかし、重要部分ですので少し丁寧に考察することにしましょう。

　まず、それを明治時代の立法者意思に基づくものだと考えますと、明らかな間違いということになりそうです。なぜなら、自然科学及び技術が未発達だった明治時代の立法者が電気を窃取可能な「財物」に含めていなかったことは、

容易に想像がつくことだからです。

　しかし、そもそも私たちはこの場合に pA を明治時代の立法者意思に基づいて解釈すべきということになるのでしょうか。たとえば、条文によっては、明治時代の立法者意思に関する資料がまったく存在しない場合もあります。その場合にはどうやって解釈すればいいのでしょうか。また、pA は現在の国会が改正しようと思えばできるのです。にもかかわらず、改正されずに放置されているのですから（本書では実際に刑法 245 条が追加立法されましたからなおさらです）、pA の根拠は現代の民意であると考えることも十分に可能です。

　ですから、明治時代の立法者意思に基づく解釈は、数ある解釈方法の一つにすぎません。罪刑法定主義に基づく条文解釈が、そのような立法者意思ではなく、条文文言の社会通念上の意味に基づく解釈とされるのもそのせいです。それも数ある解釈方法の一つだからです。要するに、pA と正面から矛盾しない解釈であれば、それらはすべて pA の解釈として不正解ではないということになるのです。ちなみに、このような立場に基づく解釈を、法学では「文理解釈」あるいは「論理解釈」と呼びます。

　ここでもう一度、先に紹介した合格答案例の該当部分を引用しておきます。「③　また、「物」とは社会通念上、有体物だけではなく、五官の作用によってその存在を認識でき、人力による管理や支配により所持や移転が可能なものも含むと解することが可能である。」（22頁）この文章を読んで何か気づいたことはないでしょうか。そう、文尾の「解することが可能である」という言葉です。この言葉からもわかるように、形式解釈とは本来、何らの科学的必然性を持たない解釈です。「物」を、手で触れて一定の形状を持つ有体物に限ると解釈することも可能ですし、一定の形状を持たなくても人力によって管理可能な物も含むと解することも可能なのです。つまり、形式的法解釈はどんなに優秀な裁判官が担当しようとも、結局のところその裁判官の主観的な条文文言解釈にすぎないものということになってしまいます。その結果、法解釈や裁判は運に左右される偶然的なものになってしまい、刑罰システムに対する国民一般の信頼が失われてしまうことにつながるのです。

15　『ヴェニスの商人』における法解釈と裁判員裁判制度

　法律の条文の非科学的形式解釈といいますと、文学がお好きな方なら思い出す有名な作品があることでしょう。そう、『ヴェニスの商人』の名裁判官？ポー

シャの裁判ですね。

　民法は私的自治の原則を採用しますから、契約書の文言は私的な文章といえども、裁判では国会が定めた法律の条文と同様の効果を持ちます[13]。ポーシャは「借金を期限までに返済できなければ肉1ポンドを切り取る」という契約文言を「肉1ポンドと書かれている以上、血は一滴も流してはいけない」（これを法学では「反対解釈」と呼びます。論理解釈の一種です。）という、契約当事者の通常の意思をまったく無視した意味に解釈して、自らのフィアンセの親友を救うという、現代の裁判制度に照らせば到底許されない裁判をこの物語の中で行ったのです。

　このポーシャの法解釈においては、社会正義概念がまったく無視されているということがわかるでしょう。これは裁判の現場で、裁判官によって即興的に生み出された頓智や揚げ足取りです。しかし、「回り道」が生み出す仮象にだまされてしまいますと、法解釈とはそもそもこのような非科学的なものであるかのようにみえてしまい、その結果、そもそも「法解釈には正解がない」という誤った思想を生み出してしまうのです。

　そして、このように法解釈の必然性が否定され、法的判断の重要部分は裁判の現場における即興（アドリブ）で決まるということになりますと、社会正義概念を正しく把握している専門家としての裁判官は不要になります。つまり、裁判への一般国民の参加を認める裁判員裁判のような制度の正当化根拠も、実はこの「回り道」が生み出す仮象に基づいているのです。

　その仮象によれば、裁判は、法廷の外に実在している社会正義概念によってではなく、裁判の現場における弁護士や検察官の腕や駆け引き及びそれに対する裁判員たちの主観的な感情や意思との偶然的な合致によって決まることになります。極端にいえば、法的真実は感情に流されやすい一般国民の喝采や涙や怒りに基づくその都度の多数決で決まるのだということになるのです。つまり、「回り道」が生み出す仮象は、裁判とは社会正義概念ではなく、単なる事実にすぎない民意との偶然的一致によって基礎づけられたもの、要するに、人気投票結果にすぎないもの、という考え方を生み出すのです。

　裁判員制度がなかった時代の日本の刑事裁判の弁護人や検察官は、裁判の期日以前に与えられた莫大な量の証拠等と法律理論を根拠に緻密に理論構成し、自己が主張する被告人の罪責や刑罰の重さが、社会正義概念に照らしていかに必然的であるのかを裁判で主張・立証することに尽力しました。しかし、裁判

員裁判ではそんな理論的根拠よりも、裁判の期日においていかにして裁判員の支持や賛同を得るのかが勝負になるのです。ですから、法律論とは無関係な技術が重要になります。その結果、弁護人も検察官も裁判員たちとのアイコンタクトの取り方や、理論や内容の正確性を無視してでも裁判員にわかりやすい、あるいは感情に訴える言葉や画像等を駆使して説明することにより裁判員の好感度を高めたり、共感を獲得したりすることに尽力するようになったのです。司法への国民参加や裁判の活性化を推進する人々の多くは、このようなことを裁判制度の欠陥ではなく、むしろメリットであるかのように感じているのです。彼らの多くが「正解がない」をスローガンとする反正解志向支持者であるのは、まさにその証拠であるように思えます。

16　実践的法解釈論から貨幣論へ

　すでに考察しましたように、三権分立下で法の支配の実現を目指す法解釈（実践的法解釈）の必然的表現方法である「回り道」は裁判官の必然的な自己決定を、法律の条文文言の形式解釈に規定された偶然的なものにみせかけます。それが法律解釈の科学的性格を否定し、法的判断は法廷における人気投票で決まるようなものであるかのような仮象を生み出すのです。実はこれから考察する貨幣論でも、まったく同じことが起きるのです。だからこそ、この「回り道」が生み出す仮象の理解は重要なのです。

　但し、貨幣論における解釈主体は社会正義概念に規定された人間の裁判官ではなく、商品です。ですから、社会的概念に規定された労働生産物が実践的な法解釈、すなわち自己実現を試みるのです。これまで詳しく説明した実践的法解釈論との違いはただその点だけなのです。

　すると当然のことながら次のような謎が生じてくることでしょう。それは、労働生産物を規定している社会的概念という場合の「社会」とはいったいどのような社会なのかという問いです。それは人間的な社会とは異なります。しかし、それは架空の社会ではなく、現実の人間社会なのです。そのことはつまり、私たちの現実の社会が実際に、人間的ではない人間社会であるということを意味しているのです。これがマルクスによる商品及び貨幣の分析によってこれから明らかにされる私たちの社会の本質です。

⒀　但し、公序良俗に違反する規定はその効果を否定されますが、ここではこの点を度外視することにしましょう。

そしてさらにもう一つの謎が生じてくることでしょう。それは、なぜ商品という物が社会的自己立法をするのかという問題です。マルクスはもちろん、この謎についても貨幣論の中で解明します。

　以上のようにマルクスの貨幣論で問題になるテーマはたくさんの謎に満ちていますが、それは同時に、それらを解き明かすことの魅力の大きさをも意味します。マルクス貨幣論はこれらの秘密や謎のすべてについて、貨幣論を通じて解答を与えるのです。ワクワクしてこないでしょうか。これが序章で指摘したマルクス貨幣論の哲学と経済学批判の魅力です。たいへん長らくお待たせしました！それではいよいよ、マルクス貨幣論の考察へと進むことにしましょう。

第2章

貨幣論（価値表現）の定式と価値の実体（s）

1 貨幣論における定式の記号と価値の実体（s）のイメージ

　これから貨幣論すなわち『資本論』第1章の解読をはじめるのですが、その前に前章で示した定式の貨幣論における意味を説明し、さらに貨幣論の最初の重要テーマである価値実体論における価値の実体のイメージとその抽出方法について、あらかじめ概説しておきたいと思います。

　読者の皆さんはここから先を読む前に、とりあえず各自が用意した訳書で商品論第1章をざっと読んでみられることをお勧めします。その後に以下の解説を読んでいただけますと、きっとわかりやすく感じられるかと思います。

　さて、それでは私が第1章の最後に紹介した実践的法解釈の定式をもう一度ここに記載します。

$$F \;\rightarrow\; pA \;\rightarrow\; sa \;\;\;\rightarrow\;\; (pA \rightarrow saA) \;\rightarrow\; K$$

　前述しましたようにマルクスは貨幣論の世界、すなわち商品世界において、上記の実践的法解釈とまったく同じロジックに従って自己表現を試みている、人間とは異なる主体を発見したのです。そこで、実践的法解釈の定式を貨幣論すなわち価値表現の定式に変換した場合の記号の意味等について説明します。

　価値表現の場合Ｆは事実として与えられた「商品」です。ちなみにマルクスの価値実体論では主に1クォーターの小麦、価値形式論では主に20エレのリンネルがその例とされています。Ｋは「Ｆは価値である」という結論です。この点について勘違いをされている方をたまに見かけますので少し説明を加えておきます。

　法解釈の場合も価値表現の場合も、上記定式はいずれもＦの本質表現です。つまり、<u>Ｆは上記定式のプロセスによってＦからＫになるのではありません。Ｆは元々Ｋなのです</u>。それを、上記のプロセスで表現あるいは根拠づけているのです。

　法解釈の場合もそうでしたよね。Ｋは「電気窃盗は犯罪である」ですが、それは法解釈によってそうなったのではなく、電気窃盗（Ｆ）が元々犯罪だったから、法解釈でそれを表現することができたのです。

　次に、ドイツ語の Artikel には「条文」という意味と同時になんと「商品（体）」という意味もあるのです。ですから、貨幣論における図式のＡは商品体を意味するものとして理解してください。後述する価値形式論では主に上着がこれ

にあたります。なお、小文字のaは後述するsの産物として思い浮かべられた観念的な商品価値の身体（価値対象性）です。

pについては「生産」を意味するドイツ単語のProduktion、あるいは「私的労働」を意味するドイツ単語のPrivatarbeitの頭文字と考えて下さい。どちらの方がわかりやすいかに関しては一長一短があります。

ではsはいったい何なのでしょうか。法解釈では国会の立法者意思と入れ替えられた社会正義概念でした。貨幣論の場合もそれが社会的概念である点は同じです。しかし、マルクスは貨幣論におけるsのことを「価値の実体」と呼んでいます。ですからそれは社会的概念ではあるのですが、人間的な社会正義概念ではありません。「物」あるいは「商品」にとっての社会的概念なのです。

というわけで、法解釈の定式の記号をまったく変更しなくていいのは奇妙な偶然ですが、貨幣論の文脈で定式に触れる場合の各記号の意味は以下のようになります。

$$F \rightarrow pA \rightarrow sa \rightarrow (pA \rightarrow saA) \rightarrow K$$

F：事実として与えられた或る商品（Fakt）
p：生産あるいは私的労働（Produktion・Privatarbeit）
A：商品体（Artikel）
s：価値の実体（Substanz）
a：sの凝固
K：結論（Konsequenz）

哲学に詳しい方であればここでの「実体」がスピノザの「神」（物と物との必然的関係の基礎にある絆）と論理的には同じものであることに気づくことでしょう。ヘーゲルはスピノザの「神」が非人間的な必然性にすぎない点を批判し、人間的な人格神こそが人間にとっての真の神だと証明しようとしました。これに対しマルクスは、そのヘーゲルの立場におそらく条件付きで基本的には賛成しつつも[1]、

---

1) 現代社会の様々な矛盾や混乱の原因を、人格的概念による社会支配が実現していないことに求めている点において、マルクスがヘーゲルの考え方に賛同していることはたしかだと思えます。しかし、目的活動を理想とするようなヘーゲル概念論の考え方にまでマルクスが賛同しているのかどうかについては、私は疑問を感じています。なぜなら、マルクスが目指していた共産主義社会に生きる個人たちは、目的のような枠組みにさえも制約されない真に自由な個人であると思われるからです。

なぜこの社会の人間にとっての神が非人間的な実体にならざるをえないのかについて解明しようとするわけです。

　つまり、商品世界の有能な裁判官（商品）が法律（商品価値）解釈にあたって従っている法、すなわち、商品の社会正義概念とは善や勇気や愛情のような人格的概念ではなく、人間的な理念や意思や感情や慈悲などをまったく持たない冷徹な必然性なのです。ですから、スピノザの「神」は私たちの経済社会において、たしかに実在していたのです。

2　近代西洋哲学における神とは

　ここで神という言葉が出てきましたので、少し注釈しておきたいと思います。

　西洋哲学者の多くは神について真剣に議論します。しかし、日本人の多くは神を宗教の問題であると考えがちで、宗教を信仰している方々をのぞいて興味を持たない方がほとんどです。神についての議論など科学性も学問性もない胡散臭い議論だと感じている人もきっと多いのではないかと私は感じています。

　しかし、宗教にとって神は信仰の対象ですから、神をそもそも議論や思考の対象にはしません。神を議論や思考の対象にするのは宗教ではなく哲学や倫理学や宗教学という学問です。ですから、哲学者が神について真剣に議論するのは哲学がまさに宗教ではなく学問だからなのです。

　そして、ヘーゲル、フォイエルバッハ、マルクスのような近代哲学者は神の実在（ニーチェの思想との関係で表現すれば「神はまだ死んでいない」こと）を前提に、その性質（実在している神とはどのような神なのか）を探求しているのです。ですから、神についての探求は現実に対する科学的な探求なのです。

　ところで、いつの頃からか日本で若者を中心によく言われるようになった表現に「神対応」や「神回」という言葉があります。もしも現代日本社会がこのような新造語のまったく通用しない社会であるとすれば、日本には神が実在しないということになると思います。しかし、一般的には通用しているようです。だとすれば私たち日本人には「これが神的だ」と概ね一致できる理念や真理が実在していることになります。つまり、日本には残念ながら？神がまだ実在しているのです。

　ヘーゲルやフォイエルバッハやマルクスが対象にしている「神」とは或る社会で現実的な効力を持ち、皆がそれに自然と崇高な価値を認め、従ってしまう理念や概念のことで、マルクスはそのような神の存立の基礎を現実社会の仕組

へと解消しようとしているのです。

3　価値実体論の方法

　というわけで、マルクスによれば私たちの社会の「神」は人間的な主体ではなく実体です。マルクス貨幣論の最初のテーマである価値実体論は、そのような「神」の発見を試みるものです。ここでその方法についてあらかじめ概説しておきます。後述するように、マルクスはそれを鉄と小麦という二商品の関係から導きますので、同じ例によって説明することにします。

　価値の実体（s）とは鉄と小麦を産出する非人間的な「主体」です。では、そのようなsはどのようにしたら導き出せるでしょうか。定式を一見したところ、とても簡単そうですよね。そう、saからaを引き算すればいいのです。たとえば、鉄からその商品体Aを捨象すればいいわけですよね。残念ながらそれは不正解です。それは、a≠Aだからです。

　saのaはsの産物（凝固）です。ですからそれはもはや実在している具体的な鉄でも小麦ではなく頭脳の産物です。pAこそが実在している具体的な鉄や小麦なのです。しかし、pAからAを捨象してもp（鉄や小麦の生産労働）しか残りません。価値の実体sは出てこないのです。ちなみにすでに考察した犯罪論の例で説明しますと、a（法益侵害性）は司法による頭脳の産物ですがA（財物窃盗罪規定）は国会の産物としての実定法です。ですからやはりsaからAを捨象することはできませんし、pAからAを捨象すれば純粋な正義概念ではない国会の歴史的事実的な立法者意思しか残らないのです。つまり、価値の実体とはsaのsですから、具体的な鉄と小麦から導き出すことはできず、頭脳の産物である鉄と小麦から導かれねばならないのです。それはいったいどういうことなのでしょうか。これが価値実体論を理解するためのポイントです。それでは『資本論』第1章の解読へと進むことにしましょう。

第 3 章

使用価値と交換価値

1　商品論の冒頭

　さて、ここからは『資本論』第1章の解読をその第1節からはじめます。

　なお、『資本論』からの引用文は、大月書店国民文庫『資本論1』の岡崎次郎氏訳をベースにしつつ部分的に筆者が訳し直したものです。ですから底本はディーツ版ということになります。

　その有名な冒頭は以下のとおりです。

　「資本主義的生産様式が支配的である諸社会の富は、莫大な量の商品の集まりとして現象しており、個々の商品は富の元素的形式として現象している。したがって、私たちの探求は商品の分析から始まる。」（国71・岩67）

　この本の題名は『資本論』です。すると、「資本とは何か」の分析からはじめることが通常です。にもかかわらず第1章は商品論です。その理由がここで語られているのだと私は考えています。

　「資本主義社会」ではなく「資本主義的生産様式が支配的である諸社会」と表現されていることの理由は重要です。この表現の意味は、『資本論』ではアプリオリに前提された資本主義社会の概念を問題にするのではなく、当時のイギリスのように資本主義的な生産様式が支配している諸社会において現実に観察される経験的事実（現象）を考察対象としているということを意味しています。

　その理由を結論から言いますと、資本主義社会が私たち人間の概念（自由意思、自由な自己決定）の産物ではないからです。もしも資本主義社会が概念の産物なら、私たちは事実（現象）を解読する必要がありません。その場合には真理が私たちの下にある（臨在している）からです。つまり、私たち自身がすでに知っている「資本主義社会」の概念を分析すれば、私たちがこの社会を作った理由を知ることができ、それによって資本主義社会の本質を理解できるからです。しかし、マルクスによりますと私たちは資本主義社会の概念をあらかじめ持っていないのです。ですから、それは事実、すなわち実在している資本主義的な社会が生み出している現象から認識せねばならないのです。

　というわけで実際、これから分析される価値の実体や形式は、私たちの日々の商品交換や価値表現の事実から導かれているのですが、本書では表現を簡潔にするためにいちいち「資本主義的生産様式が支配的な諸社会」という表現は

用いないで「資本主義社会」という表現を用いることとしますので、その点はご了承ください。

次に「集まり(Sammlung)」という言葉にも注目すべきです。この言葉からは、資本主義社会における諸商品がバラバラの商品の集合として現象しているとのニュアンスが伝わってきます。個々の商品を「元素的形式（Elementarform）」だと説明する文章は、まさにこの商品の独立性を強調しています。なお、「現象する」とはさしあたって「客観的事実である」という意味として理解しておけば十分です。「理由はわからないがとにかく客観的事実としてはそうなっている」という意味です。マルクスはその理由をこれから解明するのです。

以上のように、資本主義社会の富は社会の富であるのに、奇妙なことに元素のように独立した諸商品（私的労働生産物）の集合として観察されるのです。それはなぜでしょうか。これが商品論のテーマです。

2 　物（A）及び使用価値（pA）としての商品

マルクスはまず、商品はさしあたって「外的対象」であり、「物」であると指摘します（国71・岩67）。商品はさしあたり、使用価値や商品という規定（意味）を受け取る前から自立的に存在している「物」だという意味です。つまり、そのような「物」が人間たちや社会によって使用価値や商品と規定されることは、物自体にとっては関係のないことです。言換えますと、これから考察される使用価値や価値には、それらの規定にとって外的な素材としての「物」が契機として含まれているということになります。

続いて使用価値の考察へと進みます。

「ある物の有用性は、その物を使用価値にする。　……　この有用性は、商品体の諸属性に制約されているので、商品体なしには実在しない。それゆえ、鉄や小麦やダイヤモンドなどという商品体そのものが使用価値または財なのである。」（国73・岩68）

ここでは「商品体そのものが使用価値」という点に注意してください。つまり、使用価値は商品の身体なのです。

単なる物と身体は、主体がそれを、性質を変えずに手放せるかどうかによって区別されます。私たちは日常語で、「私は鞄を持つ」と同様に、「私は手足を

持つ」とも表現することがありますが、厳密に考えますと両者の「持つ」の意味は異なります。

　鞄は持つこともできれば手放すこともできます。鞄は手放されても鞄のままです。また、他人の鞄を奪う行為は窃盗罪等の財産罪にあたります。

　手足も手放すことができないわけではありませんが、それは鞄の場合と本質的に異なります。たとえば、私たちは手を持つのではなく、手で鞄を持つのです。つまり、この場合の手は財物のような客体ではなく、私たちの身体、すなわち主体の一部分です。ですから、そのような手は手放されれば手ではなくなり、単なる肉や骨のような「物体」になります。また、他人の手を奪う、すなわち切り取るような行為は窃盗罪ではなく傷害罪にあたります。

　以上のように、使用価値は商品にとって不可欠な身体ですから、商品が使用価値であるということは、経験則だけによって導かれた結論ではありません。すなわち、私たちがこれまで有用物ではない商品を見たことがないという経験的事実（経験的普遍性）だけから導かれた結論ではありません。そうではなく、私たちが「そもそも有用物ではないものを商品と呼ぶことがありえない」という理由によって、商品は必然的に（カントなら「アプリオリに」と表現することでしょう）使用価値なのです。

　ですから、使用価値は商品の本質的（主体的）な規定（契機）です。つまり使用価値は、外的な物あるいは対象が、その有用な属性に基づいて、人間たちによって「使用価値」と規定あるいは解釈されたものです。ですから、それは商品体の諸属性に基づく規定ですが、「物」としての商品の属性ではありません。

　ところで、現代社会における商品は物としての商品だけではありません。その典型はサービスです。サービスも使用価値としては「親切な行為」のような、行為に含まれる属性に基づくものですから、ここでの議論が当てはまることでしょう。但し、サービスそのものは商品の消費ですから、サービスの場合の商品はサービス提供能力ということになるでしょう。

　「使用価値の考察にさいしては、つねに、１ダースの時計とか１エレのリンネルとか１トンの鉄とかいうようなその量的な規定性が前提される。」（国73・岩69）

使用価値には必ず一定の量があることが前提にされているという意味です。

なお、ここでの「量」とは内包量ではなく、外延量です。

　また、マルクスは、使用価値は私たちの社会では交換価値の素材になると指摘します。つまり、使用価値は定式の記号でいいますと、単なる A や pA ではなく、saA として、つまり商品価値の一契機として存在するという意味なのですが、その仕組の解明はこれからなされるのです。

3　価値の現象形式（saA）としての交換価値

　次にマルクスは交換価値について説明します。

　現代社会における商品の交換価値とは商品の価格（値札に書かれた値段）や交換レートのことです。ですから交換価値に関するマルクスの説明がわかりにくいと感じたときには「交換価値」を頭の中で「価格」や「交換レート」に読み替えてみてください。

　「交換価値は、さしあたって、ある一商品の使用価値が他の種類の使用価値と交換される量的関係、すなわち割合として現われる。それは時と所によって絶えず変動する関係である。それゆえ、交換価値は偶然的なもの、純粋に相対的なものであるかのようにみえ、したがって、商品に内的な、内在的な交換価値という言い方はそもそも形容矛盾だと思われがちなのである。」（国 74・岩 70）

　たとえば、米ドルと円の交換レートのことを思い浮かべてみましょう。それは秒単位で変動しています。なぜでしょうか。それは莫大な数の投機家たちの思惑や実需等が交換の場に無秩序に流入しているからです。その結果、商品の内在的な「交換価値」は仮象にみえるのです。なぜでしょうか。

　商品交換は人間たちの思惑に基づく駆け引きや「だましあい」の場[1]です。ですから、「交換価値」を文字通りに解釈しますと「だましあいの場で決まる商品の価値」です。そんなものが商品の内在的価値などであるはずがありませんよね。ですから、交換価値が偶然的なものであるということは「交換価値」という呼び方自体が証明しているのだというわけです。

　しかし、マルクスによりますと交換価値は偶然的なものではないのです。そ

---

[1] 鋭い読者の方々は、このような「場」が本書第 1 章で「回り道」の仮象にだまされた人々が信じている「裁判の場」であることに気づくことでしょう。

れを示すにはどうしたらいいのでしょうか。明白ですよね。そのためには、「交換価値は交換の場面で決まる価値ではない」ということを示せばいいのです。以上を念頭におきつつ、先に進むことにしましょう。

　「ある一つの商品たとえば1クォーターの小麦はx量の靴墨、y量の絹、z量の金等々と、要するにいろいろに違った割合の他の諸商品と自己を交換する。だから、小麦は、さまざまな交換価値を持っているのであって、ただ一つの交換価値をもっているのではない。しかし、x量の靴墨もy量の絹もz量の金その他も、みな1クォーターの小麦の交換価値なのだから、x量の靴墨やy量の絹やz量の金などは、互いに置き替えられうる、または互いに等しい大きさの、諸交換価値でなければならない。」（国74～75・岩70～71）

　マルクスはここでも経験則を根拠に説明していますが、商品が交換価値（価格）を持つということも経験則だけから導かれた帰結ではありません。私たちはそもそも交換価値（価格）を持たない物を商品と呼ぶことがありえないからです。交換価値が交換という経験の場面で決まっていないことはこのことだけからも明らかなことでしょう。商品は交換に供される前からすでに交換価値を持っているのです。マルクスはこれから交換価値を、商品が持っているそのような必然的本質として考察します。

　ところで、ここでのマルクスの説明内容が私たちの経験に反していると感じた読者がいらしたとしたら、とても鋭い方だと思います。たとえばあなたが大量の靴墨をどこかのお店に持参して何かを買おうとしたとしても、交換に応じてくれるお店はまず存在しないことでしょう。あるいは、あなたがもしも商品小麦の売主であったとしますと、交換対象としての靴墨と絹と金とは決して置き換え可能なものではないことでしょう。

　ですからここで注意すべきは、ここでのマルクスの話は欲望や感情の影響を受けて判断をする、交換の場における人間たちにとっての等価交換の話ではなく、社会的な労働生産物である商品にとっての交換を論じているのだという点です。つまり、主語は小麦という商品です。商品は社会的な生産物ですから、人間たちとは異なり、自己をどんな他の種類の商品とも交換する性質を持っているのです[2]。

　たとえば、あなたは聖書を売って得たお金でお酒を買うことができます。つ

まり、神が何と言おうと、商品としての聖書はどんな商品が相手でも自己をそれと交換するのです。商品が価格（交換価値）を具えているということはそういう意味だからです。

　なお、靴墨、絹、金の色はそれぞれ黒、白、黄ですから、これは人間の肌の色の暗示だと思われます。つまり、商品は肌の色による差別禁止が私たちにとっての社会規範になる以前から、そのような差別にまったく無関心だったのです。すると、商品はとても立派な平等主義者のように思えるかもしれませんが、相手が商品でありさえすれば、どれとでも喜んで結合するという意味では、節操がないともいえることでしょう。

　「そこで、第一に、同じ商品の妥当な諸交換価値は一つの同じものを表示している、ということになる。しかし、第二に、およそ交換価値は、ただ、それとは区別される或る実質の表現様式、「現象形式」でしかありえない、ということになる。」（国75・岩71）

　ここで「現象形式」という日常的にはもちろん経済学においても使用されることのないヘーゲル哲学に媚びた表現が用いられています。実際、この交換価値論以降のマルクスの説明は、まるで開き直ったかのように哲学的になります。そのため、哲学を知らないとここでさっそく挫折する人々が続出してしまうのです。

　さて、1クォーターの小麦の諸交換等式において x 量の靴墨と y 量の絹と z 量の金とが互いに置き換え可能だということは、これらが「一つの同じもの」を異なる言葉で表現しているようなものであることを意味しています。たとえば、「イヌ」と「ドッグ」と「フント」のような関係です。

　ここで注意すべきは、その原因（主体）が何であるのかです。つまり、これら三種類の商品を置き換え可能なものにしているのは、果たして靴墨や絹や金なのか、それとも小麦なのかという点です。このように問われれば、マルクスがここで言いたいことを理解できることでしょう。

2）このような商品交換関係と人間との関係は食事や性的関係等の本能的関係において認められます。たとえば、人間は食物に対して好き嫌いがありますが、人間の身体は好き嫌いとは無関係にあらゆる食物から栄養を摂取します。また人間は交際する異性を選びますが、精子と卵子とは一般に、誰のものとでも結合するのです。つまり、人間は欲望や観念に従って交わる相手を選びますが、小麦は類的本質を概念とする悟性法則（科学法則）に従って相手を選ぶのです。

この「一つの同じもの」は靴墨や絹や金がまったく関知しないものです。ですから、これらの諸交換価値を置き換え可能なものにしている原因は1クォーターの小麦でしかありえないのです。

　ちなみにこの「一つの同じもの」は1クォーターの小麦にとっての「妥当な諸交換価値」から導かれたものですから量的にも同じもの、すなわち「同じ大きさの一つのもの」を意味しています。この場合の原因も1クォーターの小麦ですから、それらの諸交換価値がその小麦との関係の外でも量的に等しいものを含んでいるのではありません。

　以上のことから、1クォーターの小麦の諸交換価値は、それ自体として存在している諸商品ではなく、すべて1クォーターの小麦の産出物（頭脳の産物）にすぎないということが導かれるのです。つまり、諸交換価値は小麦の価値の原因ではなく、たとえば「小麦は x 量の靴墨と交換可能だから価値である」というように、小麦によって「小麦の価値の根拠や原因として規定され、産出された諸商品」だったのです。というわけですから、小麦の交換価値の大きさは小麦自身の属性であって、決して交換の場面で決まっているものではないのです。これが「およそ交換価値は、 … 「現象形式」でしかありえない」というマルクスの説明の意味です。

　ですからここで注意すべき重要なことは、ここで小麦と関係している靴墨や絹や金等、すなわち小麦の諸交換価値は、手で触れることができる商品（pA）ではないということです。交換価値が発展した結果の「価格」がまさにそのような存在ですよね。つまり、それら諸交換価値は、1クォーターの小麦の価値が何であるのかを言い表すために構想された「言葉」や「象形文字」のようなもの（saA）になってしまっているのです。

　ちなみに私は、ヘーゲルやマルクスの議論の中で「現象形式」という言葉が出てきたら、頭の中でその言葉を「超感覚的な本質の内在的形式に従った（自由な）例示（saA）」と置き換えて理解しています。たとえばリンゴやバナナは果物の現象形式ですが、小麦や鉄はそうではありません。小麦や鉄は果物の形式をもたない（果物の例示にできない）からです。但し、リンゴやバナナは果物自体でもありません。果物の本質は、頭の中に浮かんでいるリンゴやバナナの否定を通じて示されている「或るもの（果物対象性）」です。果物の現象形式は、このような仕組に基づく果物の本質の表現様式なのです。

　ところで、「超感覚的な本質」のような言葉を使いますと、何か神秘的なも

のを思い浮かべる方がいらっしゃるかもしれませんが、これは皆さんの身近にもたくさん存在しているものです。たとえば「犯罪とは何か」に対する解答を、或る特定の感覚的な行為によって示すことは不可能です。ですから「犯罪」は超感覚的なものです。そこでたとえば「犯罪とは、殺人や窃盗や放火のような行為です」と答えたとしましょう。これらの感覚的な行為は「犯罪」そのものではなく、「犯罪」とは何であるのかを示すために頭の中に思い浮かべられた例示（現象形式）ですから、感覚的な不純物を含んでいます。つまり、殺人や窃盗や放火が単なる事実としてではなく、「犯罪」の例示として提示された場合、それらは「犯罪」の純粋な本質が現出した「不純物を含む例示」ですから、それらからあらゆる不純物を捨象することによって、私たちはそれらの例示を現出させている超感覚的なもの、すなわち「犯罪」の本質を具体的に認識することが可能になるのです。

　というわけで、私たちは交換価値（現象形式・表現様式）としての商品を「超感覚的なものを頭脳の中で具体化、物化あるいは感覚化することによって思い浮かべられたもの」として理解せねばなりません。哲学を知らずに商品論を読んでいる人で、この点に気づいていない人はけっこう多いようですので注意して下さい。

4　現象形式と事実

　以上のように、現象形式とは頭脳の産物です。ではマルクスはなぜ事実ではなく頭脳の産物を分析して価値の本質を導こうとするのでしょうか。その理由も、少し考えれば容易に理解できることです。

　たとえば、或る人が昼食をいつもチェーン店の牛丼やハンバーガーで済ましていたとしましょう。その事実から「その人は牛丼とハンバーガーが好きなのだ」という結論を導けるでしょうか。それらが嫌いではないことくらいまでなら導けそうですが、それらが好きだという結論は導けないですよね。あるいは、或る人が好きな異性のタイプを、その人が実際に付き合った異性のタイプから導くことは可能でしょうか。その人がものすごくモテる人であれば可能かもしれませんが、通常は無理でしょう。

　つまり、事実には様々な偶然的な事情や制約が伴うのです。ですから、事実を分析しても本質はわかりません。ほんとうは寿司やステーキが好きなのに、昼食代の節約のためにいつも牛丼やハンバーガーチェーン店で食事を済まして

いる場合もありますし、ほんとうはアイドルが好きなのに、そんな人との出会いはあるはずもないので、アイドルではない人と付き合っているということも多々あるのです。

　価値の本質を探求する場合も同じです。或る商品の実際の交換成功例、すなわち取引事例を直接に分析しても意味はない[3]のです。なぜなら、私たちの社会では、商品が価値どおりに交換されることなどほとんどまったくありえないことだからです。それはたとえば自然科学において水の沸点が100℃であるとしても、実際にきっちり100℃で沸騰する実験結果がほとんど得られないことと同じことです。

　これに対し、或る本質（主体）が相手方の事情等を無視して自由に[4]頭脳の中に産出した例示、すなわち現象形式は、感覚的対象性（Aやa）という不純物あるいは誤差を含んではいますが、偶然的な関係はまったく含んでいません。たとえば、小麦の価値の現象形式は、小麦が靴墨等の諸交換価値に対してまったく無断で産出したものです。ですからそれらから不純物や誤差にすぎない感覚的対象性を捨象しさえすれば、必然的なもの（本質）が導出できるのです。

　というわけで、マルクスは価値の実体 s を科学的に導出するため、ここで小麦の諸交換価値の各々が pA ではなく saA、つまり小麦との関係の外に実在している具体的な生産労働の産物ではなく、感覚的対象性という不純物だけを含む小麦の頭脳の産物である価値の実体 s の凝固 ―― 但し、ここではまだ「価値」という言葉は使用されていませんが ―― であるということを明らかにしたのです。ですから、諸交換価値 saA から A を捨象すれば、a という最後に残るわずかな不純物あるいは誤差[5]だけしか含まないほとんど純粋で必然的な価値（対象性）sa が抽出されることになるのです。

　ところで先述しましたように、マルクスはここで 1 クォーターの小麦の単なる諸交換価値ではなく、妥当な諸交換価値が小麦との交換諸等式の中で相互に置き換え可能であるという事実から、諸交換価値が小麦にとって「一つの同じもの」を表現しているという結論を導いています。これは本書が法解釈論の考察において「犯罪」の実体を導く際に行った方法よりも厳密で、正しい方法なのではないかと思われます。

　私はたとえば財物窃盗を殺人や放火等と相互に置き換え可能だと考える立法者意思の存在を想定し、そのことからいきなり犯罪の実体を「法益侵害性」だと導きました。しかし、それは厳密にいえば論理の飛躍でした。たとえば、窃

盗も殺人も放火も行為です。したがって、前記のロジックによれば犯罪の実体を「行為一般」（講学上は「裸の行為」という言葉が使われています）と規定することも可能になってしまうからです。しかし、犯罪の実体は行為一般ではなく法益侵害性です。なぜ、そういえるのでしょうか。私はそのためには量の考察が不可欠だと考えます。犯罪の重さは法益侵害性の大きさによって規定されています。だからこそ、犯罪の実体は法益侵害性だということが導かれるのです。

---

3) 不動産の価格査定法の一つに取引事例比較法というものがあります。しかし、この手法は取引事例をそのまま価値（正常価格）とみなす手法ではなく、取引事例を一定の理論に基づいて修正して価格を査定する方法です。ですから、この場合でも偶然的な要素を含む取引事例から必然的なものを抽出する理論が重要なのです。

4) 自由とは恣意のことではありません。自分固有の法則だけに従っている状態のことです。人間の場合なら、他人からの命令や恐怖や空腹に基づいて何かを判断している状態ではなく、それらから完全に解放された意思が自発的に従う法則だけに従っている状態です。だからこそ、自由な状態の分析からはその主体が従っている本質的で必然的な法則が明らかになるのです。ちなみに、麻雀の上級者が相手の切る牌を的確に読めるのも相手が自由意思の法則に従っているからです。どんな麻雀の名人でも、相手が何も考えずにランダムに牌を切ってきたら何も読めないのです。

5) このaの誤差（対象性）は、哲学的には唯物論と観念論を分かつ重要なものなのです。なぜなら、sは商品が価値であることに由来しますが、aは商品が対象であるということに由来するからです。ですから、観念論者ヘーゲルはこれを捨象可能なものと考えていたようです。しかし、これは決して無視できる誤差ではありません。貨幣を例にしますと電子マネーのブルスのような誤差がその例の一つですが、その誤差は私たちの社会法則に従わないため、たとえば停電になれば電子マネーでの取引がまったくできなくなるというような重大な結果を招くのです。

第4章

「現象形式」の哲学

1 高校生にもわかるコペルニクス的転回

　ここで、序章で紹介した「コペルニクス的転回」について、私の体験談を通じてわかりやすく解説したいと思います。このロジックを理解しますと、マルクスが使用している「現象形式」や「表現様式」という言葉の意味が理解できるようになるだけではなく、近代哲学の魅力を実感できると思われるからです。

　さて、西洋哲学に興味がある方でしたら「コペルニクス的転回」という言葉を聞いたことがある人は多いことでしょう。カントというドイツの偉大な哲学者の発見で「認識が対象に従う」のではなく「対象が認識に従う」のだという科学の認識論です。ちなみに後者の「対象」は定式における pA、つまり、思考から独立して存在している対象ではなく思考によって産出された、だからこそ思考が意のままに従わせることができる対象、すなわち「現象知」（saA）としての対象のことです。

　かつての日本のマルクス主義者たちの多くはこのカントが発見したロジックを悪しき観念論の典型で、誤りであると評価していたようです。しかし、私はそのことこそが、彼らがマルクスの貨幣論を理解できなかった大きな原因の一つだと考えています。というのも、マルクス貨幣論はこのコペルニクス的転回のロジックを当然の前提として展開されているのだからです。（「あとがき」参照）

　さて、以下の話は、私が実際にある女子高校生からリクエストされ、カントのコペルニクス的転回を説明した時の要旨の記録です。後述するようにその高校生はその説明によってその仕組をしっかりと理解してくれましたので、哲学初学者の読者の方々のために、その時の会話の要旨をここに記すことにしました。

　それはある三連休の最初の休日の夜だったと思います。当時私は或る SNS にアカウントを持っていて、そこに哲学や法律についての話題を時々書き込んでいました。彼女はそこを通じて私にアクセスしてきて「カントのコペルニクス的転回についてわかるように説明してほしい」と突然に私にリクエストしてきたのでした。

　その理由は高校の倫理社会科目の試験対策だとのことでしたので、私は当初、「それなら難しい内容のことは気にせず、カントの三批判書の題名をしっかりと暗記し、問題文に「コペルニクス的転回」というキーワードが出てきたら「カント」、「弁証法」が出てきたら「ヘーゲル」と解答するというくらいの心構えで十分だよ」と大学受験予備校講師風に指導したのですが、その高校生は哲学

に深く興味があるから私のSNSにアクセスしてきたようで「そういうのじゃなくて、学校の先生の説明では意味がわからないので、本物の哲学者の人からちゃんとした解説を受けてみたいんです」と私に言ってきたのです。

そこまで言われてはということで、私もたまたま時間が空いていたこともあり、その高校生とSkypeを通じて会話した内容の要約が以下のものです。

私はその高校生にまずこう聞きました。「あなたがいま体験していること、つまり、私とSkypeで会話していることが夢なのか現実なのかをあなたならどのようにして認識あるいは判断するのかを答えて下さい」と。今どき（ちなみに、平成の末期でした）の女子高校生ならどう答えるのだろうかと思っていたら、思いがけず昭和風？の回答で「頬をつねる」でした。突然問われたので仕方なくそう答えたのかもしれません。

私はすかさずこう言いました。「じゃあ、あなたはもはやコペルニクス的転回をしている」と。というのは「つねったら痛い」とは因果律の現象形式（例示）だからです。もちろん、この時点でのその高校生の反応は明らかにキョトンとした様子でしたので、私は次のような主旨のことを言いました。

「あなたは私の質問に対し、「いま体験していることが夢なのか現実なのか」をその体験から直接に認識[1]しようとしたのではなく、「もし、この体験が因果律に従うなら現実、従わないなら夢」という基準を自ら立法し、しかもその因果律という基準を「頬をつねると痛い」という独自の現象形式（例示）に変換し、これに従って判断しようとした[2]ではないですか」と。もちろん実際にはこうした難解な言葉で説明したわけではなく、時間をかけて、できるだけわかりやすく説明しました。

ともあれ、いま簡潔に述べたことを換言しますと「ある体験が現実かどうかは、その体験（対象）自体から直接に認識するのではなく、因果律を現実性の認識基準とし、しかも、その認識基準の例示として「頬をつねると痛い」のような独自の具体的な基準を立法するという「回り道」を経て、その認識主体がまるで裁判官のような立場から判断する」とその高校生は自ら私に宣言したのです。これはその高校生が、因果律を客観的なものとしてではなく、自分にとっての現実性を可能にするための条件であると考えていることになります。私は

---

1) これが本来の意味での（体験の）解釈です。
2) これが、因果律を現実の認識基準（本質）としている主体が行う「対象の主体的把握」です。

そうした内容をその高校生に簡単に説明した後「あなたは私に、因果律が有効であることこそが現実か夢かを判断するための普遍的な基準であると、いままさに自分から私に告白したのですよ」と言ったのです。

　その後、私はさらにコペルニクス的転回の例をいくつか紹介しました。

　たとえば、ニセ札の問題です。本物と見分けがつかないニセ札をあなたが手にした時、あなたはなぜそれをニセ札だと見破ることができないのでしょうか。「本物とそっくりだから」だという解答が聞こえてきそうですがほんとうにそうでしょうか。では、あなたがお持ちの本物のお札を何枚か取り出して、いま、よく見比べてみてください。それらはまったく同じでしょうか。皺や汚れ具合や記載された番号、すべて違っているはずです。にもかかわらず、あなたはそれらを本物のお札だと認識するのです。つまり、同じではないお札をすべて本物だと認識するわけですから、ニセ札が本物とそっくりかどうかは認識基準になっていません。

　そもそも、もしあなたの認識が対象に従うのであれば、対象がニセ札であれば、あなたはそれを本物のお札だと認識するはずはありません。「私はニセ札だ」という情報が対象からあなたの認識主観へと送られてくるはずだからです。また、あなたが持っている二つとして完全に同じではない本物のお札を、すべて本物のお札だと認識することもできないはずです。対象が異なっているのに、それらを同じだと認識することは、認識が対象に従う限り不可能なはずですから。

　ですから、私たちは本物のお札の認識基準（自己立法）を自分に具えているのです。本物かどうかの判断基準として、お札の大きさや手触りやデザインなどは重要でも、皺やお札の番号は問題ではないというように。あるいは、本物のお札なら、自販機で使える（実験ですね）などというようにまず認識基準を産出し、それとの一致を根拠に判断しているのです。

　こうした説明をし終わった頃に、その高校生は最終的に、カントのコペルニクス的転回の仕組が「ストンとくるくらいに完全に納得できました」と言ってくれたのですが、同時に「いま、すごいショックで混乱して、リアリティとは何がなんだかわからなくなった」と言ったのを私はよく覚えています。その言葉を聞いたとき、私はこの高校生は哲学の才能がすごくある人だと確信しました。その高校生とまったく同じ観点から近代のこの思考方法を批判したのは現代哲学者のハンナ・アレントだったからです。

コペルニクス的転回こそが科学や現実性の基準であるとすれば、科学を重視する人々にとっての「リアリティ」とは、私たちが直接に感覚したものや、私たちから独立して存在している世界（本書の序章で述べた、数学や科学が排除したヘーゲル論理学の有論で取扱われている事柄のことです）から受け取ったものではないということを意味します。つまり、私たちの「リアリティ」は、私たちが自分で立てた観念的な思考基準（たとえば因果律）に従って媒介的に現象してくる、普通に考えればリアリティを欠いたものなのだという衝撃的な哲学的事実に、その高校生は私とのたった30分あまりの対話で、私が何らのヒントも出していないにもかかわらず、自分自身で気づいて、衝撃を受けていたからです。

　西洋近代哲学を学ぶ魅力の一つは、このような衝撃的な事実を知ることができる点にあると私は考えています。但し、この高校生がこの哲学的体験に感動して、間違って大学の哲学科にでも入学したらきっと後悔しそうな気がします。残念ながら大学の哲学科は、こういう実践的な哲学的知識や体験をほとんど与えてくれません。その理由は、大学の文学部が文学を執筆する場所ではないのと同様、大学の哲学科は哲学をする場所ではないからです。

2　数学におけるコペルニクス的転回

　以下の話は、ほかの本でも書いたことがある私の実体験なのですが、これもコペルニクス的転回や価値の現象形式の理解に資すると思いましたので、ここに記しておきます。

　それは、私がまだ20代の頃にたまたま見ていたテレビのニュース番組の特集コラムのようなコーナーでの話でした。そこでは、ある国の小学校の数学の試験問題が紹介されていました。なお、以下のスズメの正確な数は忘れてしまったので、違っていたかもしれません。また、日本の教育用語では「算数」と「数学」を区別しているようですが、本書では区別しないで両方とも「数学」と表現することにします。その問題は以下のようなものでした。

　「電線にスズメが5羽止まっていました。軍人さんが鉄砲で撃つと2羽に命中しました。残ったスズメは何羽でしょう。」

　この番組によりますと、この問題を日本の小学生たちに解かせたらほとんど全員が3羽と答えたのだそうです。しかし、その国の小学校におけるその問題の正解は0羽だということでした。その理由は、弾が命中しなかったスズメも

鉄砲の音に驚いて逃げてしまうからというものです。さて、正解はどちらでしょうか。ちなみに、その番組に出演していたアナウンサーやコメンテーターの方々は何らの理由も述べずにその国の正解を嘲笑していたのをよく覚えています。

　私は数学の問題の解答としては３羽が正解だと思います。なぜかといえば、この場合のスズメは本物のスズメではなく、５や２や３という数を表現するための素材、つまり、数の現象形式（例示）だからです。つまり、「5 - 2」を計算するために計算者が頭に思い浮かべた数的実体の凝固（頭脳の産物）にすぎないのです。実在するスズメは客体であって、親スズメから産まれ、鉄砲で撃たれれば痛みを感じますし、血も流します。しかし、数学におけるスズメは表現様式ですから、主体の一部であって、痛みを感じないし血も流さないスズメなのです。

　カントはこのような認識方法について「理性は自分の計画に従い、自ら産出するところのものしか認識しない」（『純粋理性批判』第２版序文）と言っています。つまり、理性はたとえば「5 - 2」を計算するために、５の概念を考え入れた５羽のスズメを対象として形成（想像）します。５という数の概念は、本来、感覚的に把握できないものです。しかし、私たちは５と２の差を計算するために、５を頭の中で感覚的なもの、たとえば構想力によって５羽のスズメとして対象化します。こうして、数という超感覚的な概念を感覚的に認識可能なものにするのです。

　ともあれ、理性は計算のために自ら産出したスズメにおいて、計画的にそこに考え入れた５という量だけしか認識しないのです。計算の際に思い浮かべられるスズメの感覚的な姿は実在のスズメに由来しますが、それは超感覚的な数を表現するために計算主体が産出した例示にすぎません。ですから、このスズメはたとえば、マルクスが後述する価値形式論で例示として用いる「上着」に置き換えてもかまわないのです。

　というわけで、ニュースで紹介された日本の小学生たちは皆、スズメという具体的なものを、５という抽象的なものの現象形式として把握していたわけですから恐るべし！ですね。日本の小学生たちのほとんどは、小学生の段階ですでにカント主義者だったというわけです。しかしそんな小学生たちが大人になりますと、マルクスの価値形式論の解読に躓いてしまうのが面白いところです。

3 現象形式の論理と三位一体

　以上のような数学の話から気づかれた読者もいらっしゃるかと思われますが、例示（現象形式）とは超感覚的なものの受肉です。それは超感覚的なものの内在的形式（本質）に従った産出物ですが、超感覚的なものそのものではありませんから、最終的に否定されるものです。たとえば、「果物とはリンゴやミカンのようなもののことをいう」と説明される場合にその意味を分析的に表現しますと、「果物はリンゴやミカンであることも可能なリンゴやミカンではないもの」です。つまり、例示は産出され、そして否定される運命にあります。換言しますと否定するために産出されるものです。これは受難するために受肉したものということもできるでしょう。ですからここにはキリスト教における父なる神とイエスに類似した関係があるのです。なぜなら、イエスは父なる神の受肉であり、その愛の概念の例示だと考えることが可能だからです。だからこそイエスの言葉や行動はすべて神の概念に支配されているのですが、感覚的存在であるイエスの身体は最終的に否定されねばならないのです。このようにイエスが受難することによって、父なる神の愛はその具体的内容を人間たちに対して表現しているのです。

　以上のように、カントのコペルニクス的転回やマルクスの商品論の背景にはキリスト教的思考方法が存在しているのです。もちろん、マルクスはこの思考方法に帰依しているのではなく、むしろ、私たちの社会で現に行われている「回り道」のロジックに基づく特殊な西洋的思考、制限された思考として批判的に位置づけているのだと思われますが。

4 西洋哲学における「実体」のイメージ

　難解な話が続きましたので、ここらで箸休めになりそうな余談を挟んでおきます。

　西洋近代哲学の「実体」という言葉は本来、日本人には親しみがない言葉です。ところが私の世代（1960年代生まれ）は子供の頃にけっこう親しんでいる人が多いのです。それは私が子供の頃、『キューティーハニー』というアニメがテレビで人気だったからです。それは永井豪先生の作品で、当時の小中学生の男子には少し刺激が強すぎるくらいにヒロインのお色気が強烈なアニメでした。私の記憶では、そのヒロインのハニーはたしか空中元素固定装置なるものによって様々な変装をして敵の情報を探るのです。そして最後に正体を現わ

すとき「あるときは○○ハニー、あるときは△△ハニー、あるときは□□ハニー、しかしその実体は！」という決めセリフを叫んでから、愛の戦士キューティーハニーに変身したのです。ちなみにその変身の瞬間、ハニーは一瞬全裸になるのです。当時の男子たちはこのシーンでけっこうドキドキしていたはずです。しかし、実体は全裸のハニーではなく愛の戦士キューティーハニーなのです。

これは、実はなんとマルクス貨幣論での実体概念に忠実に沿った言葉の使い方なのです。つまり、実体とは多様性からその多様性を引き算した単に否定的な残り滓ではないのです。もしもそうなら、様々に変装したハニーの実体は愛の戦士キューティーハニーではなく全裸のハニーということになります。実際、犯罪論でも犯罪の実質を法益侵害行為ではなく単なる行為だとする考え方を「裸の行為論」と呼ぶのです。しかし、実体には規定、すなわち個性があるのです。「愛の戦士」のような特殊な個性（概念）がです[3]。

5 規定無、物象の人格化、人格の物象化

ここで、アカデミズムや講学上使用されているタームについて簡単に触れておくことにします。これまでの説明からわかっていただけたと思いますが、1クォーターの小麦の多様な諸交換価値はすべてその小麦の価値に依存したものですから、その小麦の価値の自己規定（例示や産物）です。つまり、およそ小麦の諸交換価値はそれ自体としては非存在で、小麦の価値の一規定としてのみ存在しているのです。

このような非存在のことをヘーゲル哲学では講学上「規定無」といいます。「規定」は、日本語的には「決定」と読み替えて問題ありません。するとここで奇妙なことが判明します。それは、小麦という物が自己決定をしているという事実です。

実践的法解釈における s は法の概念でした。貨幣論における s も概念ではあるのです。しかし、この概念は小麦という物にとっての社会的概念です。つまり、物が自分の社会的本質に従って自律的に自己決定しているのです。しかも、この物の自己決定が経済法則になり、人間たちはその法則に従うものにされてしまっているのです。

しかし、もちろん物が人間に先立って社会的概念に基づいて自己決定をしているわけではありません。人間たちの社会関係が人間を時に追い詰め、非人間的な状態にすることによって、このような現象が生まれるのです。アカデミズ

ムの世界では、前者の物の自己決定が社会を動かす現象を「物象の人格化」と呼び、後者の物象化された人間たちのことを「人格の物象化」と呼ぶことがあるようです[4]。

　以上が「現象形式」や「規定」についての説明ですが、以上を踏まえるなら、次に価値の実体を発見するために行うべきことは何でしょうか。それは定式におけるsaA（交換価値）からAを分離し、sあるいはsaを抽出することです。マルクスはこれについて「還元」という言葉を使っています。それでは、マルクスの価値実体論の考察に戻ることにしましょう。

3）しかしマルクスが分析した商品世界の実体は、まだ正義や愛のような概念だけに基づいて自己決定するような真の主体ではなく、実在している多様な労働に自己を変様させながらもその根底に留まっているだけの、抽象的で、現状肯定的な主体である点には注意が必要です。現象世界の根底にある実体とは主体的に把握されたとしてもせいぜいそのようなもので、愛や正義の戦士のように、現実を概念に基づいて批判し、変革しようとする主体ではありえないのです。

4）私は学者ではないこともありまして、こうした専門用語の使い方についてはあまり深く研究していませんので、正確な説明ではないかもしれません。

第 5 章

価値実体論の解読

1　はじめに

「真理は普遍的なものである」という命題は普遍的な真理でしょうか。違います。これは「真理は特殊的なものである」、「真理はかけがえのないものである」という見解と対立する特殊な見解にすぎないからです。ですから「真理は普遍」という考え方は矛盾した命題です。なぜなら、この命題は真理を普遍だと主張しておきながら、その命題自体が普遍的ではなく特殊的なのですから、自分で自分の真理性を否定しているのです。

しかし、私たちの多くはそのことに気づきません。ですから、数学や科学の真理は普遍的だからこそ永遠の真理であるかのように誤解してしまいがちになるのです。

マルクスの商品価値論は、私たちがやってしまいがちなこの取り違えを真正面から問題にします。価値の実体、すなわち私たちの社会に実在している神とは商品の普遍的な絆だからです。それでは、価値実体論の解読をはじめることとしましょう。

2　価値の実体への還元

マルクスは「1クォーターの小麦　＝　aツェントナーの鉄」という等式を分析し、次のように述べます。

「この等式は何を意味しているのか。同じ大きさの一つの共通なものが、二つの違った物のうちに、すなわち1クォーターの小麦の中にもaツェントナーの鉄の中にも存在しているということである。だから、両方とも或る一つの第三のものに等しいのであるが、この第三のものは、それ自体としては、その一方でもなければ他方でもないのである。だから、それらのうちのどちらも、それが交換価値である限り、この第三のものに還元できるものでなければならないのである。」（国75・岩71）

この文章は翻訳の限界もあって、解読が難しい部分です。

まず、「この等式は何を意味しているのか」は、ドイツ語のbesagenという言葉のニュアンスを生かして訳しますと、「この等式はいったい私たちにどんなことを教えようとしているのか」となります。この問いに対するマルクスの解答は、両方の中に「同じ大きさの一つの共通なもの」、すなわち<u>両者を量的</u>

に比較するための共通単位が入れ込まれているというものです。ここの読解で注意すべきは「一つの共通なもの」だけを切り取ってはいけないということです。なぜなら、単に共通なものだけならいろいろとありえるからです。「同じ大きさの」という言葉があることで、それは「小麦と鉄を量として認識するための基準」を意味していることになるのです。

　次に、「存在している」と訳されているドイツ語は existieren で、日本語としては「存在している」と訳すほかないのですが、ドイツ語のニュアンスとしては「現れ出ている」という意味で「主体がそこに考え入れている認識基準（実体）が外部に示されている」というような意味です。つまり、ここで重要な点は、鉄と小麦が規定している共通物ではなく、鉄と小麦を規定している共通物が価値の実体だということです。実体は無限なもの（主体）ですから、鉄と小麦だけからしか導かれないようなものではありません。だからこそ、実体は鉄と小麦の物的な特徴とはまったく関係がない第三のものです。マルクスが還元によって取り出そうとしている実体とはこのようなものなのです。

　そのことを言い表している言葉が、引用した最後の文の「それが交換価値である限り」です。この言葉は、ここで単なる鉄と小麦の共通性を問題にしているのではないということを意味しているのです。もしそうならば、「物質一般」や西洋哲学で実体とされる「延長」などが導かれることになるでしょう。そうではなく、ここでは或る商品が価値の現象形式にしている鉄と小麦、言い換えますと頭脳の中に思い浮かべられた鉄や小麦によって例えられている共通物を問題にしているのです。つまり、犯罪の実体が、殺人や窃盗や放火等を例示にしている共通物（法益侵害）であったのと同様、或る商品の価値が頭の中で鉄や小麦に例えているもの、それがここでの「共通物」なのです。

3　三角形の面積公式と実体

　マルクスは「簡単な幾何学上の一例は、このことをもっとわかりやすくするであろう」（国75・岩71）と述べ、直線形の面積を測定し比較する方法を例に挙げます。この実例は適切なものだと私は感じていますが、従来のマルクス貨幣論解説書ではあまり重視されていないようです。その理由はまず、マルクスの書き方が簡潔すぎてその趣旨がわかりにくいことと、従来の貨幣論解説者の多くが、本書で説明した「現象形式」の意味を十分に理解していなかったせいではないかと私は考えています。

さて、まずマルクスがここで幾何学上の例を挙げている理由は、これから抽出しようとしている社会的実体が人間的な概念ではなく、物と物との関係に基づく社会的実体だからだと思われます。それは多様なもののうちに単なる量的な区別しか認識しないきわめて貧困な主体[1]における実体です。つまり、私たちの社会の実体が豊かな人間的概念ではなく、そのような貧困なものであるということが、マルクスによってここで早くも暗示されているのです。

　さて、直線形の面積を測定しようとする人とは、様々な形状の直線形を面積の大きさ（内包量）としてのみ認識しようとするような人（実体）のことです。そのような人は、その直線形を複数の三角形に分解します。それらはきっと様々な形状と大きさを持つものでしょう。しかし、そのような人にとって、それらの三角形の形状の差異はまったくどうでもいいのです。それらは単に大きい三角形と小さい三角形と中ぐらいの三角形というふうにだけ区別される「同じもの」にすぎないからです。この場合の三角形が面積の現象形式です。面積の実体はそれらの三角形の形状に規定されるものではなく、逆に、あらゆる形状の三角形を同じ規則に従って求められる面積の現象形式として産出する原因なのです。ですからこの場合の三角形の面積の実体とは、三角形一般という無限なものをすべて量として認識するための認識基準（規則）ということになります。それが「底辺×高さ÷2」なのです。

　このように「現象形式」とは抽象的で不可視なものを認識するために産出されたものです。その点で、私たちが普段使用している言葉では「例示」がいちばんそれに近いのです。例示とは具体的なものを思い浮かべ、その具体的なものによって抽象的なものを表現するものだからです。

4　価値及び価値の実体の抽出

　以上の説明によって、鉄と小麦の同等関係から価値及び価値の実体を抽出するマルクスの方法の概要については理解していただけたかと思います。そこで次に、実際の還元過程について解説したいと思います。

　まず、鉄と小麦が或る実質の現象形式であるということからは、それらの実体がそれらの物的形式（感覚的対象性）とまったく無関係なものであるということが導かれます。ですから、鉄や小麦の感覚的対象性（質料）は、誤差や不純物として捨象されなければなりません。すると、その実体は質料を欠いた形式ということになり、しかも量的な規定性を持つものということになりますか

ら「単位としての抽象的労働」ということになります。それが価値の実体とし
ての「抽象的人間労働」であり、これは社会的な労働生産物としての商品によ
る商品価値の認識基準ですから社会的実体（s）です。そして、そのような社
会的実体の凝固として思い浮かべられたもの（sa）が価値対象性なのです。

　このような抽象的人間労働は、言い換えますと、「鉄や小麦の生産労働であ
ることもできるような、そのいずれの生産労働でもないもの」ということにな
ります。これは立派な価値の個性の表現です。なぜなら、価値の実体は単なる
無ではなく「すべての商品生産労働であることはできるが、それ以外のもので
はあることができないような無」であるという意味で、たしかに自己の個性を
表しているからです。それは犯罪が「すべての法益侵害行為であることはでき
るが、法益を侵害しない行為であることだけはできないような無」であるとい
う意味で個性的であるのと同じです。

　以上のことから、価値（価値概念）は或る特定の姿（直観）において自己を
表現しているのではなく、様々な姿になっては消えるという、自己の姿を定立
すると同時に消す運動（活動）において自己を表現しているのです。つまり、
価値対象性とは自己変幻と自己消失運動の根底に或る常住不変なものとして見
いだされるような対象性です。ですから、マルクスはこれを「同じ幽霊のよう
な対象性」と呼んだのではないかと私は考えています。なお、このような運動
は、ヘーゲルの『論理学』では、反照規定の論理学が考察されている部分（本
質論の前半）において詳しく説明されています。

5　研究の進行〜敵は本能寺にあり？

　マルクスは、以上のように価値の実体を抽象的人間労働だと明らかにしたあ
と、次のように指摘します。

　「研究の進行は、われわれを価値の必然的な表現様式すなわち現象形式とし
ての交換価値につれもどすことになる。しかし、この交換価値は、さしあたり
まずこの形式にはかかわりなしに考察されるべきなのである。」（国 78・岩 73）

1）養老孟司著『バカの壁』（新潮新書 164 頁）「東大のバカ学生」を参照。なお、数学が科学や哲学に
　比して早期から学問的完成度が高かったのは、その主体が貧困だったおかげだとも考えられます。
　ヘーゲルの『小論理学』§117 の補遺を参考にしてみてください。

マルクスがここでこのように述べた理由を理解することはとても重要なのですが、そのためには「現象形式」の意味についての理解が不可欠です。

　先程の直線形の面積を求める場合の話で説明しましょう。或る人が多角形を複数の三角形に分解し、それらをさらに「底辺×高さ÷2」という実体に基づいて認識する理由は何でしょうか。それはもちろん、その人が求積という目的を持っているからです。その結果、三角形はその人との関係においては単なる客体ではなくなり、求積のための実体の凝固、すなわち三角形の面積の現象形式（例示）にされるのです。

　あるいは、本書の第1章で考察された実践的法解釈の主体である「有能な裁判官」はどんな目的に支配されていたから財物窃盗罪規定を無価値の現象形式へと規定したのでしょうか。そのような裁判官は、社会的規範意識に支配されており、自分自身が信じる社会正義概念の実現を目的としていたからです。

　以上のことからわかるように、現象形式とは、現象形式の素材との関係以前に形成されている主体の目的や本質の必然的な表現手段なのです。同様に、価値の現象形式は、交換関係以前に形成されている主体が自発的に従っている法則や目的の実現手段（必然的結果）なのです。ですから、私たちは交換の場面で認識した価値の実体を、交換以前に形成されている実体、すなわち価値形成実体に基づいて理解しなければならないのです。そうすることではじめて、交換段階で把握された価値の実体の意味が理解可能になるからです。

　私がいま説明した現象形式の意味やロジックは、きっとマルクスにとってはあまりにも当然のことだったのでしょう。マルクスが、今後の研究の進行の必然性について非常に簡潔に書いているのはそのせいではないかと私は考えています。

　ともあれ、以上の説明からもわかっていただけたと思いますが、実は、ここから商品論第3節直前までの間のマルクスの考察、とりわけ商品論第2節は、交換価値や貨幣の秘密の解明にとって、「経済学の理解にとって決定的な跳躍点」（国83・岩78）とマルクスが言い切るくらいに重要な部分なのです。

　というわけで、私たちが立ち向かうべき真の敵は本能寺にあります。商品価値や貨幣の正体を暴くためには、私たちは交換の場面で現われる価値の実体や価値形式ではなく、価値の現象形式の真の主体である価値形成実体を知らねばならないのです。

　ちなみに「形成」を意味するドイツ単語は bilden（ビルデン）ですが、これ

は「陶冶」をニュアンスとして含みます。つまり、多くの経験を積むことによって陶冶された主体のことです。社会的実体の主体の場合、社会経験によって陶冶され、社会を熟知した主体ということになります。正しい法解釈をなしえる有能な裁判官が社会的規範に支配された概念的主体であるというのも、このことから理解できることでしょう。

　というわけで、マルクスはこれから、交換に供される交換前の商品に含まれている価値形成実体について考察するのです。ですから、ここから対象とされる商品は、定式でいいますと、交換関係において問題となる pA や、ましてや saA ではなく、F です。

6　価値を形成する実体あるいは価値形成労働

　価値の実体は商品価値 saA の概念 s であり、価値の大きさの単位の質的規定ですから、それ自体には量がありません。「底辺×高さ÷2」がそれ自体として量を持たないのと同じです。しかし、交換関係の外部から交換に供される商品 F の価値には大きさがあります。では、その価値の大きさは何によって規定あるいは計られるのでしょうか。

　商品は価値としては抽象的人間労働の凝固 sa なのですから、或る商品に含まれている価値の大きさは、その商品に含まれている抽象的人間労働の大きさによって規定されていると考えられます。しかし、私たちは商品に含まれる抽象的人間労働を直接に認識することはできません。その理由は、裁縫労働や織布労働などは実在しても、抽象的人間労働なるものは実在しないからというわけではありません。そもそも商品を見ても、その生産のために実際に支出された労働を知ることができないからです。つまり、価値の大きさを規定する抽象的人間労働は、生産物である商品によって示された（dargesttelt）ものとしてしか認識することができないのです。このように結果から逆算された（導かれた）知のことを哲学では「現象知」と呼びます。その結果、同じ種類の商品に含まれる価値形成労働の大きさはすべて同じということになります。

　以上のことを前提にして、具体例で考えてみましょう。前述しましたように三角形の面積の実体 s は「底辺×高さ÷2」です。では、或る三角形の面積の大きさは何によって規定されるのでしょうか。それは、与えられた三角形（F）の実際の底辺の長さと高さです。

　犯罪論の例でも同じです。すでに述べたように犯罪の実体は法益侵害性と非

難可能性です。ですから、犯罪の実体も三角形の面積と同様に「法益侵害性×非難可能性」という式で表現できます。その場合にもその式自体は量を含みません。犯罪の重さを規定する要素は、裁判（法廷）の外で実際に実行された犯罪行為（F）によって示されている法益侵害性と非難可能性の大きさです。つまり、それらは実際の法益侵害や非難可能性ではなく、行為結果という与えられた事実から導かれるものです。たとえば窃盗罪の場合、その法益侵害性の大きさに影響を与える代表的要素は被害額です。100円の窃盗よりも100万円の窃盗の方が違法性が高いことは明白でしょう。非難可能性に影響を与える要素の典型は故意（犯意）の内容です。空腹の辛さから出来心でやってしまったパンの万引きよりも、計画的に他人の住居に侵入して高価品を盗んだ場合の方が非難可能性が高いことは明白でしょう。これについても自白だけから認定してはならず、客観的状況のような事実から導かねばなりません。

　というわけで、価値を形成する実体あるいは価値形成労働とは交換関係に入る前の商品（F）によって示される労働の一属性なのです。

7　価値の大きさ

　というわけで、価値の大きさはもちろん、ある商品の生産のために実際に支出された労働量のことではありません。価値の大きさは実在している商品Fによって示されるわけですから当然のことですよね。実在している商品を見てもその生産のために実際に支出された労働量はわかりません。手作りで時間をかけて生産されようと、機械によって数秒で生産されようと、両生産物が同等品であれば、それらの価値の大きさは同じです。同じ商品種類といえども個々の商品の生産に実際に費やされた労働時間は全部異なっていますが、それらの労働時間が同じ商品種類によって示される以上、私たちはそれらすべてを同じ労働時間による生産物として認識せざるをえません。というわけで、マルクスの分析によりますと、ある商品の価値の大きさはその商品生産のために社会的に必要な労働時間によって規定されるのです。

第6章
商品で示される二種の労働

1　商品論第2節の「労働」と「商品」

実在している商品は労働生産物です。ですから、実在する商品の使用価値と交換価値の「原因」は二種の異なる労働として現象します。

それらの労働は、すでに注意しましたように、或る商品の生産のために実際に支出された労働[1]ではなく、実在している商品から逆算的に導き出された「現象知」としての労働です。だからこそ、マルクスは「商品で示される労働（die in Waren dargestellten Arbeit)」と表現しているのです。「マルクスの労働価値説では労働がまったく加えられていない、たとえば偶然に拾った物でも商品になり、価値があるという事実を説明できない」などという反論をみかけたことがありますが、以上のように、価値形成実体は実際に支出された労働のことではありませんから、そのような批判は的外れです。

また、この節の「商品」についても、ここでもう一度注釈しておきますと、価値の必然的な現象形式としての「商品（saA)」の分析は商品論第3節の価値形式論で展開されます。ですから商品論第2節で対象とされる「商品」は、定式でいいますとＦで、交換関係の外部から交換に供されるために与えられた商品です。

要するに、商品論第2節における「商品」は思考が産出した例示ではなく、思考の外に感覚的に実在している所与としての商品のことで、「労働」はそのような商品を通じて「原因」として認識される二種の異なる労働としての使用価値形成労働と価値形成労働です。

2　経済学の理解にとって決定的な跳躍点

マルクスはこの節の内容について、「経済学の理解にとって決定的な跳躍点」（国83・岩78）だと強く言い切っています。にもかかわらず、なぜか日本のマルクス研究者にはこの節の内容を重要視して解説する人が少ないのですが。

ともあれ、本書をここまで読んでこられた方々ならば、マルクスがそのように言い切った理由について気づいておられる人も多いことでしょう。それはおそらく、商品の交換価値を分析して得られた価値の実体の謎が、この節で商品の生産段階の使用価値及び価値形成労働が考察されることによって解かれるからです。すなわち、この節では商品の交換価値の秘密が解明されるのです。

難しく考える必要はありません。私たちはすでにこれと同じ犯人捜しを実践的法解釈の考察で行ったからです。思い出してください。あの「名探偵の掟」

のことです。法解釈の主体は裁判の場で明らかになる国会の意思ではありませんでした。それは法解釈の最初の段階から社会正義概念に支配されていた裁判官の意思でした。商品の場合も同じです。価値の主体は交換ではなく、交換に供される以前の段階においてすでに社会に規定されていた労働生産物、つまり商品だったのです。

ところでマルクスの時代の経済学者たちも、これからマルクスによって考察される二種の労働の区別に気づいていなかったわけではありません。しかし彼らはそれらを単に事実として認識していたにすぎず、商品の生産様式との必然的関係において理解するまでには至っていませんでした。それに対しマルクスは、これらの労働を「批判的に指摘」（国83・岩78）したのです。「批判的」とはその限界、すなわちその特殊性を明らかにすることを意味します。

すでに繰返し注意しましたように、これから考察される二種の労働は直接的に認識された労働ではなく、商品で示される労働ですから現象知です。現象知はカントが指摘したように、認識主体の本質によって制限され、限界（個性）を有しています。では商品の使用価値形成労働と価値形成労働を限界づけている本質とは何でしょうか。それはもちろん資本主義的生産様式の本質です。というわけで、商品を生み出す二種の労働の考察を通じて資本主義社会の本質を解明すること、これが商品論第2節の主題なのです。

以上を念頭におきながら、商品論第2節の解読をはじめましょう。

3　具体的有用労働

マルクスは商品で示される使用価値（商品体）形成労働のことを（具体的）有用労働と呼びます。それは実在している商品Fから逆算されて認識されるpAのpのことで、一般的には「生産労働」あるいは「私的労働」と呼ばれる労働です。それはマルクスによりますと、「目的、作業様式、対象、手段、結果に規定された労働で、その有用性が生産物の使用価値に表わされる労働」（国83・岩79）とされます。

では、このような労働の主体は誰でしょうか。それは本来、自由な人間です。つまりこの労働は、人間の自己実現意思と目的活動によって自然素材を規定する行為です。その行為においては人間が自然を規定しているだけではなく自然

1）カントなら「物自体としての労働」と呼ぶかもしれません。実在する商品を見ても決して認識できない労働だからです。

も人間を規定していますから「人間と自然との統一」です。とはいえ、人間た
ちが自然科学の発展により自然法則を知れば知るほど、自然はますます「人間
たちのために存在する自然」になり、人間たちの目的の単なる手段へと貶めら
れます。したがって、有用労働においては本来、ヘーゲル概念論のロジックが
妥当します。「本来」と言ったのは、資本主義社会における「私的労働」がほ
んとうに自然だけに規定されていて、社会にはまったく規定されてない自由な
労働であるとしたらという意味です。実際には、そうではないですよね。

4 資本主義社会の本質あるいは商品の秘密の暴露

　マルクスは続いて「社会的分業は商品生産の存在条件である。　……　独立
に行われていて互いに依存し合っていない私的労働の生産物だけが、互いに商
品として相対するのである。」（国84・岩79 ～ 80）と指摘します。つまり、商
品は社会的分業がなければ生じませんが、どんな社会的分業であっても労働生
産物を商品にするわけではありません。互いに依存しあっていない私的労働に
基づく社会的分業（以下では、単に「私的労働に基づく社会的分業」と呼ぶこ
とにします）だけが労働生産物を商品にするのです。それはなぜでしょうか。

　「労働は、使用価値の形成者としては、有用労働としては、人間の、すべて
の社会形態から独立した存在条件であり、人間と自然との間の物質代謝を、し
たがって人間の生活を媒介するための永遠の自然必然性である。」（国85・岩
81）

　具体的有用労働は人間の存在条件（ですからあらゆる具体的有用労働という
意味ではありません）であって、人間の生活にとっての永遠の自然必然性で
す。そのことは、①もしも或る社会が分業社会であるなら、有用物の社会的な
生産が絶対不可欠であるということを意味します。そうでなければ、その社会
の中で分業の一分肢しか担えない個人は自己の存在条件を欠くことになるから
です。私のような弁護士や哲学者がその典型です。ですから①を言い換えます
と、①分業社会の人間たちの生産労働は社会的になることを強制されるのです。
しかし、②私たちの社会では生産者たちが相互に私的生産者として関係し、社
会的に関係しないのです。その結果、③労働生産物が社会的関係を結ぶことを
強制されることになるのです。つまり、この①→②→③のロジック、これが商

品誕生の秘密です。

　ここで注意すべき重要な点は、労働生産物が商品になる原因は、人間の存在条件という永遠の自然必然性ではない、という点です。もしもそれが原因なら資本主義社会は人類の存続・繁栄のために絶対不可欠な永遠の自然必然性ということになります。マルクスがここで強調していることはその反対のことです。すなわち、マルクスによれば、労働生産物が商品になる原因は、この永遠の自然必然性を「私的労働に基づく社会的分業」という独自の方法で貫こうとしている点にあるのです。

　この点は、誤解されやすい点ですのでもう少し詳しく説明します。たとえば、人間はなぜ美味しいものを食べたいと思い、好きな異性と肉体的な関係を結びたいと思うのでしょうか。それは本能のせいだと答える人がいます。たしかに、その究極の原因は本能です。しかし、本能そのものと本能的に知った本能の実現方法とは同じレベルの本能ではないのです。本能そのものの実現はその類にとって永遠の自然必然性です。ですから、もしもそれをやめたら、その類は絶滅します。しかし本能的に知った本能実現方法は、別の方法でも実現できるのです。たとえば、食事の場合であれば点滴、性的関係の場合には人工授精などです。ところで、動物は人間と違って、本能を本能的に知った本能実現方法によってしか実現できません。ということは、貨幣や商品を必然的に生み出す資本主義社会は、まだ動物レベルの人間たちが本能的に知った独自の本能実現方法に基づいて形成された社会だということになります。そのような意味で、マルクスにとって、資本主義社会はまだ真の人間的社会ではないのです。これがマルクスによる資本主義社会の本質あるいは商品の秘密の暴露です。

　なお、芸術作品の創作に代表される真に自由な（言い換えますと人間の存在条件とは無関係な）活動は、決して人間の生活を媒介するための永遠の自然必然性としての人間と自然との統一ではありません。但し、そのような芸術作品も、私たちの社会では商品になってしまうのですが。

5　価値形成労働と違法有責要素

　マルクスは次に価値形成労働の正体の解明へと進みます。ここでマルクスが導いた結論は過去の多くのマルクス研究者やマルクス主義運動家たちにとって意外なものであったようです。なぜ、彼らは意外だと思うことになったのでしょうか。それは犯罪論との比較で考えるとわかりやすいと思われます。

すでに何度も指摘しましたように、犯罪の実体は法益侵害性と非難可能性です。諸犯罪は、それが法益侵害性と非難可能性を含む行為類型であるから犯罪なのです。ではそのような実体の由来は何でしょうか。それも前述しましたように、犯罪の重さ（量）に影響を与える要素でした。具体的には、窃盗の場合なら被害金額の大きさや窃盗の方法や動機の悪質さ等、殺人の場合には殺した人数、殺し方や動機の悪質さ等です。つまり、生命や財産という法益を侵害する行為と、動機のような非難可能性に影響を与える要素です。

　以上のことからはどんなことがわかるでしょうか。それは社会一般が以上のような要素を法益侵害性と非難可能性に影響を与える要素であると考え、それらの要素を含む行為の防止を望んでいるということです。つまり、犯罪（無価値）の実体は私たちの社会正義概念が生み出したもの、もっと端的にいえば社会的な悪の概念なのです。ですから、以上の結論を奇妙だと感じる人はほとんどいないのです。

　さて、価値形成労働は私たちの社会の労働生産物の価値の大きさに影響を与える労働です。すると、犯罪論の場合と同じように考えますと、この労働の独自な性格は、私たちの社会が高い価値を認め、促進しようとしている労働だということになります。するとそのような労働はきっと、人間たちに感動を与えてくれるような卓越した労働や高尚な労働にちがいありません、と思いたいところです。しかし、実はそうではなかったのです。ですから、多くのマルクス研究者たちは意表を突かれたのではないかと思われるのです。

　では、マルクスによる考察へと進みましょう。

6　価値形成労働の正体

　マルクスはこの価値形成労働の正体、すなわち独自な性格を導くために、およそどんな異種の労働も「同じ主体」の労働の諸変形とみなすことが可能であるという事実を指摘します。たとえば、裁縫と織布は異種の労働ですが、同じ個人が行えば同じ労働力の支出です。価値形成労働とは、このように多様な形式で支出することができる同じ人間労働力をいうのです。

　これは先程暴露された資本主義社会の本質に照らして考えてみますと自然なことです。価値形成労働は、私的労働に基づく分業が行われている社会の人間たちにとって絶対不可欠な交換に供するための物を生産する労働です。ですから、生産物の種類に規定された特殊な労働であったり、高度な技術を必要とす

る労働であったりしてはならず、誰にでもできる普通の労働という普遍的性格を持たねばならないのです。

　というわけで、マルクスは次のように指摘します。

　「たしかに、人間の労働力そのものは、あの形式やこの形式で支出するためには、多少とも発達していなければならない。しかし、商品の価値は、ただの人間労働力を、人間労働（力）[2]一般の支出を、表わしている」（国87・岩83）

　たとえば、超一流の江戸前寿司職人が握った寿司1カンの価格が1000円だとしましょう。すると、この価値としての寿司は一皿100円の回転寿司のアルバイトでも作れる寿司10皿に含まれている労働と「同じ労働」を表していることになるのです。この場合の「同じ労働」が価値形成労働です。マルクスはこれを「平均的にだれでも普通の人間が、特別の発達なしに、自分の肉体のうちにもっている単純な労働力の支出」（国87・岩83）だと表現しています。

　このような例だけで考えますと不可解に感じる方もいらっしゃるかもしれません。しかし、高級寿司店の職人であっても、自分の握った寿司が単純労働の生産物である生活必需品と交換できなければ、私たちの社会では生きていけないのです。それは哲学者や弁護士が、自己の作品や活動を生活必需品と交換できなければ生きていけないのと同じです。

　つまり、私的労働に基づく社会的分業が行われている社会では、どんな労働生産物も同等な物とみなされ、相互に交換可能であることが社会正義概念になるのです。卓越した労働だけが交換可能であっては困るのです。すべての労働が交換可能であってはじめて社会が発展し、人類が繁栄するからです。

　以上のことからわかるように、私たちの社会の価値形成労働の正体が、卓越性も熟練性も伴わないただの単純労働だということは何ら不思議なことではないのです。また、以上のことから、なぜ商品が自己をどんな種類の商品とも交換する性質、すなわち交換価値を持っているのかということも理解できるはずです。このように、商品の交換段階において感じられる神秘は、商品の生産段階の考察によって解かれるのです。

---

2) 原書では「力」がないとのことですが、これはきっと原書の誤植だと思われます。

7　マルクスの注記

　以上のような説明の後に、マルクスは「簡単にするために、以下では各種の労働力を直接に単純労働力とみなすのであるが、それはただ換算の労を省くためにすぎない。」（国88・岩84）と注記しています。すると「ある商品に1時間の労働が含まれている」と表現することで、その商品生産のためにどのような複雑あるいは熟練労働が必要であるかどうかにかかわらず1時間分の単純労働が含まれていることを意味できるようになりますから、今後の価値量に関する議論の表現を簡潔にできることになり、便宜だという意味です。しかし、この注記を看過しますと、マルクスがまるで投下労働価値説を採用しているかのような誤解を招くことにもなりかねません。マルクスは、あくまでも説明の便宜上、このような換算の労を省いているのですから、様々な商品に投下された様々な労働の継続時間がそのままで価値を形成するなどとは考えてはいない点にはくれぐれも注意して下さい。

8　商品論第2節の結語における生理学的労働

　マルクスは商品論第2節の結語として、次のように述べます。

　「すべての労働は、一面では、生理学的な意味での人間の労働力の支出であって、この同等な人間労働または抽象的人間労働という属性においてそれは商品価値を形成するのである。すべての労働は、他面では、特殊な、目的を規定された形態での人間の労働力の支出であって、その具体的有用労働という属性においてそれは諸使用価値を生産するのである。」（国91・岩87）

　価値形成労働がこのような生理学的労働や普通の生命活動 (die normale Lebensbetätigung)（国92・岩88）であるということは、すでに考察した私たちの社会的生産様式に照らせば、不自然さはないはずです。しかし、日本の一部のマルクス研究者やマルクス主義運動家にとっては認めがたい結論であったようで、いろいろな疑問が出されてきたようです。

　その典型は、「生理学的労働とは労働エネルギーのような自然物だから社会的実体ではありえない」といったようなものです。

　このような見解が生じてくる原因はここでの「社会」の意味を誤解しているからです。この「社会」を人間たちが自由意思に基づいて概念的に形成した社

会のことだと解釈しますと、たしかにそうでしょう。人間は一般に、卓越や熟練に高い価値を認めるからです。しかし、ここでの「社会」は私的労働に基づく社会的分業という本能的に知った本能実現行為に基づいて形成された社会なのですから、そのような人間的思考に基づく概念が社会的実体になることはできないのです。

　ところで、この「生理学的（physiologisch）」という言葉を聞きますと、ヘーゲルの著書を読んだことがある人なら思い出さざるをえないエピソードがあります。それは『エンチュクロペディー』あるいは『小論理学』と呼ばれる著書の§2です。そこで、ヘーゲルは、哲学を真理に到達するための条件だという考え方や、神の存在証明を神を信仰するための唯一の道だというような主張を批判して次のように述べています。

　「このような主張は、我々が食物の化学的知識や植物学的知識や動物学的知識を得るまでは我々は食事をすることができず、われわれが解剖学と生理学（Physiologie）の研究を終えるまでは消化するのを待たねばならないというような主張と同じである。もしそうだったら、これらの学問や哲学は、それぞれの領域で非常に有用さを増すであろう。否、あらゆる場合に絶対に欠くことのできないものになるであろう。むしろそれらは、欠くことができないものとなる代わりに、まったく存在しなくなるであろう。」

　生理学は、私たちが食物を消化するために絶対不可欠な学問ではありません。消化は、ヘーゲルにいわせますと本質論の段階の論理学と同様、私たちが本能的に知っていた本能実現方法だからです。

　つまり、生理学は本能的な生理現象の秘密を解き明かした後世の科学的な発見にすぎないのです。これがまだ概念の立場にはない本質論のロジックの特徴です。つまり、この段階の論理学はまだ概念的なものではなく、私たちが本能的に知った思考方法ですから、概念を分析してもその正体はわかりません。そこで私たちはまず現象を考察の対象にし、そこにまだ物的な段階の概念、すなわち実体を認識するのです。その認識達成後に私たちははじめて、その本能の本能的な実現方法を概念的に規定できるようになるのです。生理学との関係ではダイエットがその典型でしょう。

　ヘーゲルにいわせますと、自然現象や私たちの生理学的な行為はすべて、自

然法則を典型とする思想（概念）に貫かれているのです。しかし、私たちはその思想を後世の科学的発見によってはじめて知ります。つまり、本能の本能的な実現行為は科学的発見や思想の認識よりも前に存在しているのです。そうでなければ、私たちは科学的発見を達成する以前に絶滅してしまうからです。

　ですから、価値形成労働の正体が生理学的な労働や普通の生命活動であるということは、価値形成実体が、私たちが自分で考えたり、誰かに教わったりする前から本能的に知っていて、行っていた労働であるということを意味します。だからこそ、価値形成労働の真理（概念）は私たちのもとには存在していなかったのです。

　敵は本能寺にありです。否、敢えてオヤジ的なダジャレをいえば（笑）、敵は本能寺ではなく、本能にあったのです。但し、この場合の本能とは、すでに指摘しましたように人間たちの自然的本能そのものではなく、本能的に知ったその実現方法です。その方法こそが、私的労働に基づく社会的分業であって、それが価値形成労働を規定しているがゆえに、価値の実体が抽象的人間労働として現われるのです。

9　労働生産物の人権宣言

　ここで、この価値形成労働論の射程について触れておきます。

　前述しましたように、たしかに一見しますと、生理学的労働が私たち社会的実体（絆）であるという事実については意外に思われるかもしれません。しかし、中学や高校の社会科で学んだことをよく思い出してください。これに似た事柄が私たちの社会のどこかにありませんでしたっけ。

　たとえば、もしも私が読者のあなたに対し「あなたには人権がありません」と主張したら、あなたはどうすべきだと思いますか。私を懲戒請求してよいと思います（笑）。それは冗談としまして、では、万一あなたに人権があるということをあなたが主張・立証せねばならなくなった場合、あなたはそれをどうやってするのでしょうか。

　「私には犯罪の前科や前歴がありません。仕事はもちろん社会貢献もしてきました。配偶者や子供のことを愛しています。神を信じます」等々を主張・立証する必要があるでしょうか。これらはあなたが人間的に卓越した人であるということの主張・立証にすぎませんから、人権があることの主張・立証としては意味のないものです。

では、次のような主張・立証をした人がいたらどうなるでしょう。「私は過去に悪いことをいっぱいしてきて、裁判で何度も有罪になりました。でも、懲りずにこれからももっと悪いことをしたいと思います。仕事なんてするつもりもないし、神なんて信じません。ただ、私は生物学上の普通の人間です。それはお医者さんが証明してくれています」

以上で証明十分です。なぜなら、人権とはただ人間であるという生物学的事実に基づいて認められるものだからです。

すると次のことに気づくことでしょう。人権の実体はもちろん社会的なものです。人間の身体を解剖して人権なるものを摘出した医師はいままで存在しません。しかし、そのような人権の根拠、すなわち社会的実体は単なる生物学上の事実なのです。つまり、価値形成実体とまったく同じです。ですから、生理学的労働が社会的実体であるということは、人権尊重主義者にとっては本来それほど驚くべきことではないはずなのです。

というわけで、商品価値実体論は、労働生産物には生まれながらにして価値があるという、労働生産物のいわば人権宣言なのです。ですから、マルクスの価値論は近代憲法学における人権論のロジックの問題とも重なってくるのです。

10　価値形式論の対象と方法

商品で示される価値形成労働、すなわち商品の交換価値を規定している社会的実体のほんとうの由来である価値形成労働の考察は、商品の価値概念が、本能の本能的実現方法から解放された自由な人間たちが主体的に生み出した概念ではないという帰結を導きました。すると貨幣の秘密は、私たち人間の本能と同じくらいに古くから存在し、現代社会でもまだ遂行されている、自然発生的な交換関係において発見されるべきだということになります。したがって、後述する価値形式論のうちの最も原始的で単純な価値形式論、そこに貨幣生誕の秘密が隠されているということになるのです。

では、その考察方法はどうすべきでしょうか。私たちの人間的な概念（法の趣旨、立法者意思等）は目に見えない非感覚的なものですが、それは私たちを単に規定しているものではなく、私たち自身が自覚しているものです。ですから、私たち自身が自覚している目的の考察から認識可能です。しかし商品の概念は、私たちを単に規定している概念ですから、現代を生きる私たちの未熟な

精神の下には臨在しません。ですから、ヘーゲルが『精神現象学』で遂行した現象知を認識する方法によって発見せざるをえないのです。その方法とは商品自身に自由に語らせ、私たちはそれを傍観あるいは傍聴することによって、自由にされた商品が自発的に従いはじめる法則を認識するというものです。つまり、価値の実体は私たちを本能的に規定している商品の社会的概念なのですから、商品を、現代の人間たちの意思とは別の目的や法則に自発的に従って活動している主体として認識するのです[3]。これが価値形式論の方法です。

　以上のことを念頭におきつつ、価値形式論の考察に進むことにしましょう。

---

3) 私の考えでは、この方法を徹底し、表現方法までも商品の立場を重視したものは『資本論』初版の商品論です。しかし、そのような表現方法はヘーゲル哲学に親しんでいない人にとって、かえって内容理解を困難にします。そこで現行版『資本論』では、方法は初版と同じですが、表現は人間の立場からのものが中心になっていますので、ヘーゲル哲学的な表現はかなり薄められています。

第7章

価値形式論総論

1　価値形式論の主題

　それでは貨幣論の中心部分と評されることも多い価値形式論（商品論第3節）の解説に入ります。

　まず、この節でマルクスがやろうとしていることを指摘しておきますと、それは①商品の社会的関係（交換関係あるいは価値関係）の中に価値表現の仕組（価値の現象形式とそれを生み出す「回り道」）を発見し、貨幣形式がその価値表現の発展の必然的な結果であることを示すこと、及び②その価値形式の仕組が仮象あるいは商品物神崇拝を生み出す原因になることを示すことです。つまり、①商品の価値表現が必然的に貨幣を発生させる仕組と②価値表現が貨幣や商品の謎を生み出す仕組の解明です。

　ここまで本書を読まれてきた方々であれば、②で明らかにされる事柄については見当がつくことでしょう。そう、裁判官が判決文の最後に行う$(pA \rightarrow saA)$$\rightarrow K$という表現によって、裁判官の自己実現（実践的法解釈）が形式的な法解釈にみせかけられてしまうというあの「回り道」の仕組のことです。では、①の解明がここで可能となったのはなぜでしょうか。それは商品論第2節において、価値形成労働の正体が解明され、価値の実体が抽象的人間労働であることの必然性が明らかになったからです。

　ところで、従来のマルクス貨幣論解説書には、労働生産物が商品になる仕組や商品の貨幣性の謎の解明等も価値形式論の目的に含めているものをみかけます。しかし、それは誤りだと私は考えています。なぜなら、それらの仕組や謎が商品の交換価値の分析だけからでは解明できないことの証明が、これからマルクスが行おうとしていることだと私は考えているからです。その理由もすでに明らかにされましたように、交換価値とは、生産段階で形成される抽象的人間労働（価値形成労働）の、交換段階における自己実現だからです。ですから、交換段階だけの考察では商品や貨幣の謎は解けないのです。

　というわけで、価値形式論で解明されることは、貨幣形式が私たちにとっていかに神秘的なものであったとしても、それは偶然的にみえる交換関係の産物ではなく、私たちの社会的生産様式の必然的表現であって、したがって、科学的根拠をもつものであるということです。マルクスが単純な価値形式の分析によってまず示そうとすることはこれです。しかし、価値形式に含まれる「回り道」や「発展」は、なんとこの真実を覆い隠してしまうのです。マルクスが価値形式論の後半で示そうとしているのはこれです。

2 従来の価値形式論解説の混乱

　ところが一部の学者たちによる価値形式論解説には、マルクスが単純な価値形式論の考察によって導こうとしている結論を真っ向から否定してしまっているものがあったりもするのです。それらのうちとても有名なお二人のものについてだけ、ここで簡単に触れておこうと思います。本書の目的は他人の学説の批判ではないのですが、このお二人はマルクス貨幣論の研究者としてとても有名な先生方ですので、ここで取り上げておかざるをえないと感じたからです。但し、その内容は初学者にとってはかなり高度な内容ですから、初学者の読者の方々は次のaとbをひとまず飛ばして、先に進んでくださってかまいません。

a. 岩井克人氏の『貨幣論』

　岩井克人氏（以下では「岩井氏」と呼ばせていただきます。）は、『貨幣論』における単純な価値形式の考察の冒頭で、「もちろん、じぶん自身をじぶん自身によって直接表現することはできない。」[1]と断言されておられます。しかし、それは商品の相対的価値表現についてのみいえることで、商品の使用価値や等価物商品の価値は自分で自分を直接に表現していますので当てはまりません。ですから、決して自明なことではありません。もしもこれを自明なことだと考えますと、後述しますように、マルクスによりますと相対的価値を表現する他の商品体こそが貨幣の萌芽なのですから、貨幣が自明ということにもなりかねません。

　もっとも、岩井氏が言われたことは商品の相対的価値表現については経験的普遍性を持ちますので、その限りでは自明であるといっていいかもしれません。しかしマルクスは価値形式論で、このような経験的普遍性が成立する根拠（社会的生産様式）と仕組（「回り道」）を明らかにすることによって、それが私たちの正しい認識を狂わせてしまうことを示そうとしているのです[2]。ですから、この経験的普遍性を自明であるかのように考えてしまう人々は、「回り道」が生み出す仮象にだまされ、リンネルの価値表現を、主体としてのリンネルと客体としての上着の物的な他者関係（リンネルによる上着の忠実な解釈）である

1）岩井克人著『貨幣論』筑摩書房 36 頁。
2）具体的にいいますと、商品が他の商品を自己の主体として定立することによって、自己の社会的対象性を表現せざるをえないのは、商品が社会的生産様式に規定されていることによる必然的な帰結であるのに、それが自然科学的な経験的普遍性の形式（見かけ）をとるため、商品の自然的な属性に基づくものにみえてしまうということです。

かのように信じこんでしまう可能性が高いのです。

　実際、岩井氏は「主体は客体をつうじて主体となり、客体は主体によって客体とされる」[3]と述べておられ、価値表現におけるリンネルと上着の関係を主体と客体の相互制約関係であるかのように説明されているのです。つまり、岩井氏はリンネルの価値表現を、主体としてのリンネルによる客体としての上着の解釈だと考えてしまっていらっしゃるようなのですが、そのような認識こそが「回り道」の仕組にだまされることによって生じる典型的なものなのです。

　正しくは、上着（性格には上着形式）はリンネル価値の現象形式ですから、それは価値としてのリンネルの客体ではありません。それはリンネル価値の主体的契機（自己実現手段）、すなわち手足や言葉のような主体の一部なのです。ところが、実践的法解釈における「回り道」が、裁判官の自由な自己立法を、それを制限する国会が決めた法律（他者立法）の解釈であるかのようにみせかけたように、価値表現における「回り道」もまた、リンネル価値の主体的自己表現手段としての上着を、リンネルの価値表現を制限するリンネルの他者（客体）であるかのようにみせかけるのです。その結果、この「回り道」の仕組が生み出す仮象にだまされてしまいますと、貨幣の謎が解けなくなってしまうのです。

　ではリンネルの価値表現を、マルクスに従って、リンネル価値の主体的自己実現として考察した場合にはどうなるでしょうか。この場合にはリンネルが自己の存立根拠を、自発的に他者として産出していることになります。すると、このような価値表現は自明であるどころか、驚くべき事態ではないでしょうか。主体が、自己が従うべき他の主体をわざわざ自発的に定立し、自己をその他者の客体であるかのように規定すること、このような事態は通常、当たり前のことだとは思えないはずです。なぜなら、このような主体は奴隷根性の持主[4]にほかならないからです。

　岩井氏はさらに、本書でこれから考察する「回り道」について、「いずれにせよ、このまわりくどい言いまわしがあきらかにしてくれるのは、「貨幣形態の秘密」は相対的価値形態のなかにはひそんでいないということである。」[5]とも断言されています。ここで「相対的価値形態」[6]と呼ばれているものは、単純な価値形式における商品リンネル（1着の上着で価値を表現している20エレのリンネル）のことです。

　以上のような見解も明らかにマルクスの意図に反しているのですが、岩井氏

がこのような見解を持たれるのは、岩井氏の独特の常識感覚に基づくものではないかと私は考えています。岩井氏は『ヴェニスの商人の資本論』で、「貨幣を哲学するとは、まさしく、一見したところでは、自明で平凡なもののようにみえる貨幣が、実は、形而上学的な繊細さと神学的な意地悪さとに満ちたきわめて奇怪なものであることを示すことである」[7]と述べておられています。これは、たとえば最近復刻された『貨幣の謎を解く』（白順社）の著者の降旗節雄氏（以下では「降旗氏」と呼ばせていただきます）が前提にされている、貨幣は不思議だが「商品は常識的にわかります」やマルクスが商品論第4節冒頭で述べている「商品は平凡なものにみえる」とはまったく反対の常識感覚です。

つまり、岩井氏にとっての「貨幣形式の秘密」とは、「貨幣は実は平凡な物ではなく不可解なモノである」ということの暴露になるのです。つまり、「貨幣が平凡である」ということが否定されるべき日常的意識だと考えておられる岩井氏にとっては、「貨幣が不可解である」ということが貨幣形式の秘密の暴露だとされるのです。そのことは「等価形態の不可解さこそ、単純な価値形態のなかにひめられていた「貨幣形態の秘密」なのだとマルクスはいう」[8]という岩井氏の説明や、岩井氏の『貨幣論』第1章の最終結論が「貨幣の神秘」であることからも明らかです。

しかしそれは降旗氏によれば、むしろ日常的な意識（常識）と一致した結論ということになり、マルクスによれば後述する重商主義者たちのような見解ということになるのです。重商主義者たちは貨幣（価値）の実在についてはその経験的自明性によって認めるのですが、その理由については説明不可能な神秘的なもの、あるいは想像上のものであるかのように考えるからです。

b. 廣松渉氏の『資本論の哲学』

廣松氏は『資本論の哲学』で「……　しかし、それ（等価形式にある商品（筆者））はそれ自身の価値量的規定性をもたない。というのも、商品はそもそも、

3）岩井克人著『貨幣論』筑摩書房 38 頁
4）これが異常事態と思われる理由は、主人が「社会」だからです。他方、人間は自然の一部ですから、自然との関係であれば異常ではないことでしょう。自然的欲望との関係が典型で、たとえば人間たちの精神は極限状態においては、空腹や渇きのような身体的な事情に支配されます。
5）岩井克人著『貨幣論』筑摩書房 39 頁。
6）私が本書で「形式」と訳している言葉を、多くの学者の方々はなぜか「形態」と訳されています。
7）岩井克人著『ヴェニスの商人の資本論』ちくま学芸文庫 307 頁。
8）岩井克人著『貨幣論』筑摩書房 40 頁。

自分自身の価値的大きさを自分自身では表現できないからであって、現にこの
ゆえにこそ、商品の価値は他の商品（等価形態）によって表現すべき所以であ
る」[9]と述べておられます。しかし、これにはいろいろな誤りが含まれています。

　ここで等価形式にある商品（等価物）とは単純な価値形式における商品上着
（20エレのリンネルの価値表現素材とされている１着の上着）のことです。詳
しくは後述しますので、ここでは結論だけを述べますと、マルクスによれば等
価物の価値も、価値表現の外では、当然ながら量的規定性（内包量）を持って
います。ただ、それはリンネルとの価値表現の中ではまったく度外視されてい
るにすぎないのです。にもかかわらず、廣松氏は商品が自分の価値の大きさを
自分で「表現できないから」等価物商品は価値の「量的規定性をもたない」と
述べておられるのです。すると廣松氏は、労働生産物は価値表現によってはじ
めて価値を具え、商品になるかのように誤解されている可能性さえあることに
なります。もしそうであれば、それは後述する自由貿易行商人たちの立場と同
じです。しかし、すでに指摘しましたように、商品価値は交換段階の価値表現
において生み出されるものではありません。価値表現は、表現される前（生産
段階）から商品が具えている価値の性質を顕在化させているにすぎないのです。

　また、或る商品の価値が他の商品の使用価値によって表現される理由を廣松
氏は「そもそも」という言葉を用いて表現していますが、これについては岩井
氏に対する批判と同じことがいえます。廣松氏の場合、商品の価値表現を、商
品を生産する私的労働の社会的性格の必然的結果として把握せず、岩井氏と同
様、経験的に自明な事実として理解してしまっているが故に、後述するように、
貨幣の謎を交換段階で解決しようと試みてしまうのではないかと思われます。

　さらにいいますと、或る商品の価値が他の商品の使用価値で表現されねばな
らないのは価値量の問題に限った話ではありません。この仕組が重要な結果を
生むのはむしろ価値の質の表現の場合なのです。その場合の価値表現は、岩井
氏や廣松氏の見解とは違って、「自分（自己の現象形式）で自分を表現している」
のですが、価値表現の「回り道」は、それを他の商品（自立的な商品）による
表現であるかのようにみせかけるのです。そして、そのような仮象を自明視す
るような考え方こそが、マルクスが指摘する物神崇拝を生み出す原因なのです。

c. リンネルのリンネルによるリンネルのための価値表現

　マルクスが「一商品の価値は他の商品の使用価値によって表現される」とい

う結論を示したのは、後述する「回り道」の仕組の考察後ですから、この場合の使用価値が単なる使用価値ではなく、価値の現象形式（すなわち他者ではなく自分自身）であることは明らかです。だからこそ、一見したところ不可解な事柄が実は科学的事実だということがわかるのです。しかし、「回り道」の考察と無関係にこれを自明視しますと、この場合の使用価値は「単なる使用価値」を意味してしまいます。つまり、価値は「価値の現象形式としての使用価値」ではなく、欲望の対象である「単なる他の使用価値」によって表現されるということになってしまうのです。すると、価値表現は労働生産物とそれに対する商品所有者の欲望のような外的で偶然的な他者関係に解消してしまい、商品には内在的な価値はないという帰結が導かれることになってしまうのです。

　ともあれ、本書の読者の方々が岩井氏や廣松氏の上記のような解説によって誤解されないように、ここで重要な注意をしておきます。

　まず、単純な価値形式論で取扱われる価値表現（「20エレのリンネルは1着の上着にあたいする」）は、リンネルが自分自身で、言い換えますと他の商品に対してまったく無断で行う自己表現です。ですから、マルクスが商品論第3節の「回り道」の暴露によって証明しようとしていることは、「20エレのリンネルは1着の上着にあたいする」という単純な価値形式における「上着」が、実は着用可能な上着ではなくリンネルの価値の現象形式（リンネル価値の表現素材）であるということなのです。ですから、このようなリンネルの価値表現は、いわば「リンネルの、リンネルによる、リンネルのための価値表現」なのです。

　以上の事柄は、マルクス貨幣論理解のための必須事項です。なぜなら、価値表現が自己表現であるということから、価値形式における等価物「上着」が貨幣の萌芽的形式であるということが社会的生産様式の必然的な表現（科学的事実）であるということが導かれるのだからです。

3　価値形式論の問題意識
a. 国民経済学の貨幣論

　難解で抽象的な話が続きましたので、ここらで箸休めとしまして、少し気楽に読める話題でマルクスの価値形式論の問題意識の解説をしておきたいと思います。

9）廣松渉著『資本論の哲学（第二版）』121頁。

マルクス貨幣論は当時の国民（ブルジョア）経済学、すなわち現代の通説的な経済学に対する批判です。それはまあ、日本の国家資格受験科目の経済学の試験対策用教科書に書かれているような経済学のことです。

　私は実は銀行員時代に不動産鑑定士の二次試験に合格したのですが、恥ずかしながらその受験勉強の際にはじめてマクロ経済学を真剣に勉強しました。「恥ずかしながら」と言いましたのは、私が入学した大学は東京大学文科二類という本来であれば経済学部進学コースだったからです。しかし私は大学入学後に経済学の授業に数回出席した時点でこれは私の興味の対象ではないと感じ、結局経済学の単位はほとんど取らないで、人文哲学系の科目を中心に単位を揃えて教養学部へと転部したのでした。

　それはともかく、私が銀行員時代のマクロ経済学の教科書で最も定評があったのは中谷巌先生（以下、「中谷先生」と呼ばせていただきます。）が書かれた『入門マクロ経済学』でした。私は本書を書くにあたって第6版を購入したのですが、日本評論社さんがその本に付けている帯には「日本で一番読まれているマクロ経済学のテキスト」と書かれていました。その貨幣論部分では残念ながら、私が昔読んだ版における例え話がかなり省略されていたのですが、当時と概ね同じ主旨のことが書かれていました(同書94頁)。その例え話を私の記憶に従って要約しますと以下のとおりです。

　「私（中谷先生のことです）は経済学者ですが、テニスを学びたいとしましょう。もしも貨幣がなければどうすればいいでしょうか。経済学を学びたいテニスコーチを探さねばなりません。これはとてもたいへんなことです。ですから、貨幣が必要なのです。」

　さて、以上のような貨幣論、つまり貨幣の必然性の証明は成功しているでしょうか。よかったら先に進む前に、皆さんも考えてみてください。

　頭の良い方なら、すぐに次の問題点に気づくことでしょう。

　「もし貨幣がなければ」というような仮定をしてその不都合性を導くような証明のやり方は、貨幣の絶対的必然性の証明ではないという点です。これは正しい指摘です。まずこの点について説明しましょう。

　たとえば、あなたのパソコンから任意の一部品を外したり、何らかのアプリやシステムから適当なファイルを削除したりしたらどうなるでしょうか。それらが正常に動作しなくなる可能性が高いことでしょう。あるいは、四輪自動車からタイヤを一つ外したらどうなるでしょう。当然、正常に動けなくなるでしょ

う。しかし、最初から三輪自動車として設計していれば四輪のタイヤは不要です。

このようにすでに完成している特殊なシステムから純粋なオプション以外の或るパーツを外しますと、そのパーツは一般的に不可欠なものとして帰結されるのです。ですから、このような方法による必然性の証明は或る完成した特殊なシステムが前提された場合にだけ妥当するものです。貨幣論の場合のそのシステムとは資本主義社会です。

というわけで、この証明は貨幣の絶対的必然性の証明にはなっていません。しかし、そのことは中谷先生に対する批判にはなりません。なぜなら、私たちの時代の通説的な経済学とは当然ながら資本主義社会を前提とする学問ですから、貨幣の必然性の証明もまた、資本主義社会における貨幣の必然性の証明を意味しているからです。

では、この証明は資本主義社会における貨幣の必然性の証明になっているでしょうか。実は、この点こそがかなり頭が良い方でもなかなか気づかない点なのです。というわけで、その問題に移りましょう。

中谷先生は次のようにおっしゃりました。テニスを学びたい経済学者と経済学を学びたいテニスコーチとが出会うことは難しいと。たしかにそれほど容易なことではないでしょうけど、もしも数百人の大学生の前で経済学の講義をされているような先生であれば、その生徒の中に一人や二人くらい高校時代にテニス部で活躍した人物が存在する可能性が低いとはいえないでしょう。ですから、このような二人が出会える可能性は充分にあります。そこで、そのような二人が出会えたとしましょう。その二人は次にどうするのでしょうか。

「会えてよかったね」と喜び合って、それで一件落着というわけではないですよね。きっとその後に交渉がはじまるはずです。たとえば、「私が経済学をX時間教えるから君は私にY時間テニスのコーチしてくれないか」と。それは「X時間の経済学講義はY時間のテニスコーチにあたいする」という価値表現を意味しています。

さて、中谷先生によりますと、これは貨幣とは無関係な取引だということになるはずです。なぜなら、中谷先生の貨幣の必然性の証明では「もし貨幣がなければ」この方法で取引ができるというのですから。としますと、商品交換社会における商品やサービスの交換には貨幣がなくてもかまわない場合があるということになります。つまり、貨幣は商品交換社会にとって、あってもなくて

もかまわない代物ということになるのです。あれば便利だけど、なくても商品交換はなんとか可能になるということです。

　もうわかりましたよね。これでは、貨幣が資本主義社会と必然的な関係にあるということになっていないのです。つまり、以上のような証明では貨幣の絶対的必然性どころか資本主義社会における必然性さえも証明されていません。むしろこの考え方によりますと、貨幣は人間の考案物にすぎないものということになります。つまり、貨幣は科学的事実ではなく、私たちの勝手な思いつきが生み出した仮象ということになってしまうのです。

　それでは、資本主義社会における貨幣の必然性を証明するにはどうしたらいいのでしょうか。

　そのための課題はもはや明らかですよね。「X時間の経済学講義はY時間のテニスコーチにあたいする」という経済学者とテニスコーチの交渉の言葉、ここに貨幣形式（の萌芽）を発見すればいいわけです。テニスを学びたいという経済学者と経済学を学びたいというテニスコーチとの出会いは双方の欲望に基づく偶然の出会いです。しかし、二人が偶然的に出会った後の交渉過程で提示される「X時間の経済学講義はY時間のテニスコーチにあたいする」という表現、マルクスはこれを「偶然的で単純な価値形式」と呼ぶのですが、ここには現代の日本のプロの経済学者でさえ気づかなかった必然的な形式が潜在しているのです。マルクスが価値形式論で試みようとしていることは、これを暴露することです。

b. 価値対象性（a）

　マルクスは価値形式論の最初に、「商品体の感覚的に粗雑な対象性とは正反対に、商品の価値対象性には一分子も自然素材を含まない。」（国93・岩89）と指摘します。商品価値は商品体（質料または素材）に由来するものではなく、社会的生産様式が労働生産物に与えた規定、すなわち社会に由来する商品の概念の規定（形式）ですから、その対象性も当然に自然素材を一切含みません。

　そのように断じておきながら、マルクスはそのような価値対象性が感覚的に認識可能な価値の現象形式を持つことを当然視しているのです。これは矛盾のようにも思われることでしょう。しかし、ヘーゲル哲学を前提にするなら矛盾であるどころか、自然なことなのです。以下で、その理由を説明します。

　ここでもまたわかりやすくするために、あるヘーゲル主義的哲学者（筆者）

と高校生との対話という形式で説明したいと思います。なお、この対話は実話に基づくものではなく、筆者が本書執筆にあたって創作した対話です。

哲学者

　「今日は皆さんに小学5年生くらいでも解ける問題を出したいと思います。誰か挑戦してみたい人はいますか」

高校生

　「はい、最近テレビでよくそういう感じの番組をやっていますよね。じゃあ、私が挑戦してみます。ほんとうに小学5年生が解けるレベルの問題なのですよね。」

哲学者

　「もちろんです。では問題です。あなたにA4の白紙を2枚渡します。紙の大きさや色とかは正解に影響しませんので気にしないでください。そのうちの1枚に幾何学上の円、他の1枚に幾何学上の三角形を描いてください。どんな大きさや形状でもけっこうです。また、筆記具その他の道具についても、どんなものを使ってもらってもかまいません。実際には手に入らない、たとえばドラえもんが出すような道具でもいいです。ですからもちろん実際に描かなくてけっこうです。そのような問題が出されたなら、あなたならどんな道具を使ってどう描くかについて私に説明するという方法で答えてください。」

　以上が問題です。先に進む前に、もしよかったら、読者の皆さんも自分ならどう解答するかについて考えてみてください。それでは先に進みます。

高校生

　「どんな道具でもいいのですか?」

哲学者

　「はい、実際には用意できないかもしれませんが。」

　（高校生はしばらく考えてから）

高校生

　「あ、わかりました。これって引っかけ問題ですね?」

哲学者

　「うーん、どうでしょうね。」

高校生

「私なら白紙で出します。」

哲学者

「えっ、それはどうしてですか。」

高校生

「だって、幾何学上の円と三角形ですよね。ユークリッドによれば幾何学上の直線には幅がないし点には大きさがない。ですから、どんなに高価で高性能な道具を使っても描けない。これが正解ですね。」

哲学者

「なるほど、さすがにあなたは優秀な高校生です。では、小学5年生ならどんな解答を出すことでしょうね」

高校生

「うーん、私が小学5年生の頃ならきっと円はコンパス、三角形は定規を使って描くような気がします」

哲学者

「なるほど、だとしますとその小学5年生の解答が正解です」

高校生

「えーっ、なぜですか!?」

さて、以上の対話を読んで皆さんはどう感じましたか。

実は、ヘーゲルもマルクスもこの高校生の見解を批判する立場なのです。なぜだかわかるでしょうか。

では、この高校生にさらに次のような質問をしたらどうするでしょうか。「あなたにA4の白紙をもう一枚渡しますから、そこに20エレのリンネルの価値対象性を描いてください。」と。おそらく白紙で出すことでしょう。では、提出された3枚の白紙をシャッフルしたあとでその高校生に質問します。「幾何学上の円はどの紙に描いたのですか。」と。おそらくその高校生は解答不能でしょう。

上記の対話における円や三角形の図は「それらの現象形式の素材（質料）」のことだということに気づいた方もきっといらっしゃることでしょう。そのとおりです。もう少し説明しましょう。

幾何学上の直線には幅がありません。それは多くの幅のある直線に由来する

概念ですが、その概念は自然素材をまったく含まないからです。もし、幅があったらたいへんです。幾何学や数学の問題ではいつも点の大きさや直線の幅による誤差 10) を問題にせねばならなくなるからです。

　でも、数学とりわけ幾何学の問題を解く場合、皆さんは図示するはずです。この図はいったい何なのでしょうか。自然素材をまったく含まないものを、自然素材を用いて図示しているのですからそれは虚像であり、妄想なのでしょうか。しかし、円を描けといわれて直線図形を描く人や、三角形を描けといわれて丸い図形を描く人もいないはずです。ですから、描かれた円や三角形は幾何学上の図形と必然的な関係にあるのです。それは先述した「5 - 2」の計算のために頭の中に思い浮かべられたスズメと同じものです。というわけで、この描かれた図形こそが幾何学上の三角形や円の必然的な例示であって、現象形式（感覚的対象性）なのです。

　ヘーゲルは円も三角形も結局のところは「無」だから決して描くことができないというような立場を「すべての牛を黒くする夜」のようなものであると批判しました。つまり、現象形式は、不可視な概念の個性や特殊性を認識するためには欠くことができない本質的なものなのです。

　するとすでに気づいてしまった方がいらっしゃるかもしれません。そう、貨幣形式とは哲学的には、自然素材を一切含まない商品の価値対象性が、自己の個性 11) を表現するために産出せざるをえない対象あるいは言葉です。マルクスがこれから示そうとすることは実はこれなのです。

4　単純な価値形式の意味

　それでは、商品論第3節「A 単純な、個別的な、または偶然的な価値形式」の解読へと進みましょう。なお、本書では表現を簡潔にするため、この価値形式を単に「単純な価値形式」と表現することにします。

---

10) 後に明らかになりますが、実は価値対象性や現象形式の内実とは、社会的本質との「誤差」のことです。そして、この社会に規定されてしまっている人々は、次の注釈で述べますが、この「誤差」を個性や個人の尊厳と誤認してしまうのです。
11) 注意すべきは、この場合の「自己の個性」とは社会的本質の方のことで、現象形式としての「誤差」の方のことではないという点です。現象形式は個性の表現手段にすぎず、個性そのものではないのです。しかし、多くの人々は「誤差」の方を個性だと認識してしまいがちなのです。個性を、1本1本の花の差異（花という類との「誤差」）のようなものと考えて、そのような個性を「世界で一つだけの花」に喩えるようなオンリーワン思想がその典型です。しかし、ここで問題となる個性は、そのような誤差を捨象した本質的な個性で、それこそが本質自身の特殊性なのです。

ここで問題とされる価値形式は一般に「20エレのリンネルは1着の上着にあたいする」と訳されています。この価値形式には質的な表現と量的な表現が含まれています。そこで、それぞれについて言い換えてみましょう。

　まず、量的な表現として言い換えますと「20エレのリンネルには上着1着分の価値がある」ということになるかと思います。この表現の考察にあたって注意すべきは、後述する等価形式論でマルクスも指摘するのですが、「上着1着」とは価値量の単位としての一定量の単純労働を意味していて、リンネルとの価値関係の外で「上着1着」に含まれている価値量を意味しているのではないという点です。これは「このドリンクにはレモン50個分のビタミンCが含まれている」という表現における「レモン1個」と本質的に同じです。これは単位ですから、実際のレモン1個に含まれているビタミンCの量を意味しているのではありません。日本の行政指導によりますと、この場合のレモン1個はビタミンC20mgを意味することに決められているのです。

　次に、質的な表現に言い換えますと「リンネルは上着に等しいから価値である」となります。単純な価値形式論の考察対象の中心はこちらです。すでに指摘しましたように、マルクスはこれからこの「上着」が実はリンネル価値の化身であることの証明を試みるのです。

　ともあれ、この価値形式ではリンネルの価値が上着によって相対的に表現されていますから、リンネルは相対的価値形式にあるとされます。他方、上着（上着の価値ではない点に注意）はリンネルの等価物ですから、等価形式にあるとされます。これらはマルクスが決めた呼び名です。ヘーゲルなら「力とその発現」、カントなら「力学的先験的理念とその現象」の関係に喩えそうな気がします。

5　相対的価値形式と等価形式との論理関係

　次にマルクスは、「相対的価値形式と等価形式とは、互いに属しあい互いに制約しあっている不可分な契機であるが、同時にまた、同じ価値表現の、互いに排除しあう、または対立する両端、すなわち両極である。」（国95・岩91）と指摘します。難解な表現です。

　相対的価値形式にある商品の価値は、等価形式にある商品を自分の言葉（素材的担い手）にすることによってはじめて自己の規定（個性、独自な性格）を示すのですから両形式は不可分です。等価物商品が存在しなければ、相対的価

値形式にある商品の価値はただの無になってしまい、その個性を示せなくなるからです。

しかし同時に両者は互いに排除しあう両極です。なぜなら、商品の相対的価値の対象性は自然素材を一切含まない超感覚的なものですが、等価物商品は感覚的なものだからです。ですから、等価物はその感覚的な（ここでは上着の）対象性の否定によって相対的価値の規定（質）を表現しているのです。つまり、リンネルの価値はここで、「<u>上着の姿をとる上着ではないもの</u>」というふうに表現されているのです。

「20 エレのリンネル ＝20 エレのリンネルは決して価値表現ではない。……　リンネルの価値は、ただ相対的にしか、すなわち別の商品でしか表現されないのである。それゆえ、リンネルの相対的価値形式は、何か別の一商品がリンネルにたいして等価形式にあることを前提しているのである。」（国95・岩91）

前述した「もちろん、じぶん自身をじぶん自身によって直接表現することはできない。」という岩井氏の主張は、このような単なる経験的事実にすぎません[12]。つまり、私たちは普段、貨幣商品を除いて、ある商品の価値をその商品自身の身体で表現するということはありえないという、誰もが経験している単なる事実です。

しかし、ここでマルクスがこの経験的事実から導いた事柄は重要です。それは、リンネルの相対的価値は等価形式にある商品を必然的に「前提」するというものだからです。このこと自体は商品が必ず交換価値あるいは価格を持つということの言い換えにすぎません。しかし、そのことは、等価形式にある商品が価値の現象形式であることの重要な証拠になるのです。なぜならこの事実は、等価形式にある商品が、相対的価値形式にある商品の存在以前から存在してい

---

[12] 面白いことに、めったに経験的事実に基づく証明を行うことのないヘーゲルも、この議論だけは経験に訴えているのです。ヘーゲルは『小論理学』§115で次のように述べています。「このような自称真理法則にしたがって語るのは（遊星は遊星である。磁気は磁気である。精神は精神である、等々）、馬鹿らしいと思われている。これがいたるところにみられる経験である。こんな法則を信じているのは、先生がただけであって、そんな先生がたは、彼らが大真面目に講義している論理学とともに、とっくに常識にも理性にも信用を失っているのである。」（『小論理学（下）』岩波文庫20頁）。

たものではなく、相対的価値形式にある商品の（自己立法の）産物だということを意味するからです。

　つまり、等価物は自立的な存在ではありません。相対的価値形式にある商品に依存しています。そのような意味では無です。しかし、それは相対的価値の質（個性）を表現するための一規定としては存在しているのです。ですから、ただの無ではなく「規定無」（本書第4章5参照）と呼ばれるような無なのです。

　なお、この事実は等価物が相対的価値形式にある商品よりも先に存在していたかのような仮象（錯覚）を生み出すのですが、これについては後述する等価形式論以降で詳論されます。

　「もちろん、20エレのリンネル =1着の上着　……　という表現は、1着の上着 =20エレのリンネル　……　という逆関係を含んでいる。しかし、そうではあっても、上着の価値を相対的に表現するためには、この等式を逆にしなければならない。そして、そうするやいなや、上着に代わってリンネルが等価物になる。」（国95〜96・岩91）

　この注釈の趣旨は少しわかりにくいのですが、おそらく次のようなことをいいたいのではないかと思われます。すなわち、単純な価値表現における等式はたしかにその逆関係も含んでいます。しかし、一方の商品が相対的価値形式にある場合には、他方の商品は必ず価値の現象形式であり、両商品あるいは複数の商品が交換価値として現象しあうことはできないということです。

　ですから、単純な価値形式では等式を反転させても価値の内実が何も明らかになりません。上着は価値の現象形式ですが、その等式を反転させますとそうではなくなるからです。つまり、単純な価値形式は、或る商品の価値対象性をその商品自身から区別するだけで、その内実をまったく明らかにしないのです。

第 8 章

貨幣の主体

1　はじめに

　それでは、商品論第3節2相対的価値形式a相対的価値形式の内実の考察へと進みましょう。

　ここではいよいよ①上着が実際にリンネル価値の現象形式であること及び②上着がいかにしてリンネル価値の現象形式にされるのか、すなわちリンネルの価値表現の仕組（「回り道」）が暴露されます。①はすでに商品論第1節で明らかにされた、「およそ交換価値はそれとは区別されるある内実、すなわち価値の現象形式であること」の具体的な証明です。②はとても難解な部分ともいわれていますが、本書の読者の方々はすでに実践的法解釈のロジックという、貨幣論に比べればずっと理解しやすい概念の立場でその仕組をすでに体験しました。ですから、ここでマルクスが示そうとしていることをかなり容易に理解できるはずです。

2　価値の現象形式の証明

　さて、マルクスはまず、ここでの価値表現の考察は量的な面からまったく離れて考察しなければならないと強調します。量は質の存在を前提にするものなので、まず質だけを考察対象にする必要があるからです。

　というわけで「リンネルは上着と等しいから価値である」という命題の分析がここでのテーマということになります。

　マルクスがこれからやろうとしていることは、この命題における「上着」がリンネル価値の現象形式であり、リンネルにとっての実質的な意味での貨幣であることを、この単純な命題の分析だけによって明らかにすることです。

　「しかし、質的に等置された二つの商品は、同じ役割を演じているのではない。ただリンネルの価値だけが表現される。では、どのようにしてか。リンネルが自分の「等価物」または自分と「交換可能なもの」としての上着にたいしてもつ関係によって、である。この関係のなかで上着は価値の現出形式（Existenzform）として、価値物として、認められている。なぜならば、ただこのような価値物としてのみ、上着はリンネルと同じだからである。」（国97・岩93）

　実践的法解釈の比喩を用いますと、「リンネル裁判官」はここで、「上着」と

いう与えられた条文（pA）を、リンネルを価値にする根拠条文へと変更しているのです。その結果、この関係の中では上着がリンネルの価値形成実体、リンネルが生産段階で支配され、従っている社会的本質（社会的被規定性）が外に現われ出た形式（Existenzform）としての価値物として認められることになるのです。なぜなら、そのような価値物としてのみ上着はリンネルに適用可能な条文になるからです。

　実践的法解釈における裁判官の自己立法とまったく同じ仕組ですよね。有能な裁判官は、電気窃盗を財物窃盗罪として処罰するために、自らが従う社会的本質に基づいて、財物窃盗罪規定（刑法235条）を電気窃盗に適用可能な条文へと、すなわち電気窃盗の社会的本質（これは裁判官が従っている社会的規範ですね）である法益侵害性が現出した形式へと変更していたのですから。

　言い換えますと、リンネルの価値表現における「上着」はもはや我々が知っている普通の上着ではなく、リンネルによって社会的本質の凝固に変更されているのです。ですから、これはリンネルによる完全な腹話術あるいは自作自演であり、独善です。

　というわけで、このことは上着がリンネルの価値の現象形式であることの決定的な証拠なのですが、そのことが次に指摘されます。

　「他面では、リンネルそれ自身の価値存在（Wertsein）が現われてくる。すなわち独立な表現を与えられる。なぜならば、ただ価値としてのみリンネルは等価物または自分と交換されうるものとしての上着に関係することができるからである。」（国97・岩93）

　マルクスはここで、リンネルが価値だから単なる使用価値上着と関係できるのだと言っているのではありません。そんな意味不明な論理は成り立ちえないからです。そうではなく、リンネルがそもそも直接的に交換可能なもの（交換価値）を自分が従うべき正義や神だと考えている「価値」だからこそ、使用価値上着を「等価物または自分と交換されうるものとしての上着」に変更し、自らをその下僕である「迷える子羊」として、関係できるのだと言っているのです。なぜなら、価値の現象形式を産出できる主体は交換価値を正義や神だと考えている主体以外にはありえないからです。ですからこのことは、「上着」がリンネル価値の現象形式であることの決定的な証拠です。つまり、上着が価値

だからリンネルの価値を表現しているのではありません。リンネルが価値だから、上着が、リンネルが従うべき価値物にされているのです。

　マルクスは以上のような二つの決定的証拠を突きつけることによって、上着がもはやリンネル価値の現象形式（リンネルの腹話術の結果）以外ではありえないということを示したのです。そのことは次のように強調されます。

　「われわれが、価値としては商品は人間労働の単なる凝固である、と言うならば、われわれの分析は商品を価値抽象に還元しはするが、しかし、商品にその現物形式とは違う価値形式を与えはしない。一商品の他の一商品に対する価値関係のなかではそうではない。ここでは、その商品の価値性格が、他の一商品にたいするそれ自身の関係によって現われてくるのである。」（国98・岩94）

　価値対象性は、「どんな労働にも共通だが、どんな特定の労働でもないような人間労働」の結晶ですから、これは幾何学上の直線がどんな幾何学者や学生が図示した直線にも共通だが、それらのどれでもない直線一般であることと同じで、そのままでは単なる無です。価値対象性も直線の対象性も自然素材を一切含まないものですから、当然ですよね。

　しかし、幾何学上の直線の本質が、小学生の定規で描いた直線によって独立した対象性が与えられたように、価値関係においては価値対象性が他の一商品との同等関係において可視化され、その個性が表現されているのです。ですからマルクスはここでリンネルの交換価値上着が、価値の現象形式であることが証明されたことを宣言しているのです。

　こうして、貨幣の正体解明の最初のステップが完了しました。すなわち、商品は社会的生産様式に規定された労働生産物ですから、使用価値対象性（有用性）を表現する自然形式だけではなく、社会的本質に由来する対象性を表現する現象形式を必ず持つことになります。その場合の価値の現象形式こそが貨幣形式の基礎なのですが、それが商品の等価形式であるということが、ここで解明されたのです。

　なお、この段階の商品は、歴史的にはまだ生まれたばかりの段階ですから、価値の実体が抽象的人間労働であるということをもちろん知りえません。前述しましたように、そのことを認識するための手がかりが存在しないからです。しかし、私たちの立場は商品論第2節で、すでにリンネルの価値形成実体が抽

象的人間労働であることを知っています。だからこそ、ここでの「上着」は「人間労働の凝固としての上着」ということになるのです。

　さて、次に問題となるのは、上着がリンネル価値の現象形式にされる仕組です。そこでは、商品の貨幣性が隠ぺいされるロジックが明らかにされるのですが、ここで本書の読者が第1章で考察した実践的法解釈のロジックが登場するのです。

3　価値の現象形式を産出する価値表現の仕組

　「たとえば上着が価値物としてリンネルに等置されることによって、上着に含まれている労働は、リンネルに含まれている労働に等置される。ところで、たしかに、上着を作る裁縫は、リンネルを作る織布とは種類の違った具体的労働である。しかし、織布との等置は、裁縫を、事実上、両方の労働のうちの現実に等しいものに、人間労働という両方に共通な性格に、還元するのである。このような回り道をして、次には、織布もまた、それが価値を織る限りでは、それを裁縫から区別する特徴をもっていないということ、つまり抽象的人間労働であるということが、言われているのである。」

　これが実践的法解釈の仕組とまったく同じであることに、読者の方々は気づくでしょうか。

　何よりも第一文が重要です。「上着が価値物としてリンネルに等置される」とはどういう意味でしょうか。それは、リンネルが上着を、上着の使用価値とはまったく無関係な価値物として自分に等置しているという意味です。すなわち、リンネルは自己を「着用可能な上着」に等置しているのではなく、上着をいきなり自分に等しい価値物だとみなしてから自分に等置しているのです。言い換えますと、上着がリンネルとは別の物であるということを、リンネルは自己の価値表現において無視しているのです。

　ですから、ここでの上着は「5 - 2」を計算するために産出されたスズメと同じものです。そこではスズメが鉄砲の音に驚くような生物であるということが完全に無視されていました。ここでは上着の自然属性がリンネルによって完全に無視されているのです。だからこそ、この関係の中で「上着」がリンネルから受け取る規定は、上着の自然属性とはまったく無関係な、リンネル自身が規

定されている社会的本質に基づくものなのです。

本書の第1章の次の文章を思い出してください。

「しかしここで思い出してください。果たして、電気が有体物であるかどうかがこの問題意識が生じることになった根本的な理由だったのでしょうか。そうではありませんよね。10万円を盗んだら財物窃盗罪になるなら10万円分の電気を盗んでも財物窃盗罪にすべきなのではないか、つまり、両者とも実質的には同種の行為なのではないか、という疑問、これが問題意識の根源だったはずです。すると、次に問題とすべきは、その「実質的には同種」とはどういう意味なのかということです。」（20頁）

あるいはすでに行った次の指摘を思い出してください。

罪刑法定主義上の理由は、たとえば、電気を「物」と解釈することが「言葉の社会通念上の意味に反しない」というように、概念や理念を根拠にせず、「言葉の社会通念上の意味」という事実に基づく形式的な判断です。（25頁）

もうわかりますよね。前者は財物窃盗罪の「財物」という言葉が具えている属性（有体物）をまったく無視しています。裁判官は、「財物」という言葉の意味を問題にするどころか検討することさえなく、財物窃盗罪規定を自己が従っている社会的規範に基づいていきなり電気窃盗に等置することによって、財物窃盗罪規定を電気窃盗に含まれている法益侵害性と非難可能性の凝固に還元してしまっているのです。これと同じことを、ここでリンネルが上着に対して行っているのです。

他方、罪刑法定主義に基づく法解釈はその反対です。それは「財物」の属性である社会通念上の意味に「電気」を等置しているのです。しかしすでに指摘しましたように、これは司法試験合格のための法解釈では単なる「みせかけ」であって、三権分立の建前に従っているフリをしているにすぎません。しかし、「回り道」もまたこれと同じ「みせかけ」を行うのです。「回り道」はリンネル価値の自己実現を、リンネルによる上着の忠実な解釈であるかのようにみせかけるのです。

4 価値の実体あるいは価値形成実体と価値の現象形式

「ただ異種の諸商品の等価表現だけが価値形成労働の独自な性格を顕わにするのである。というのは、この等価表現は、異種の諸商品のうちにひそんでい

る異種の諸労働を、実際に、それらに共通なものに、人間労働一般に、還元するのだからである。」

　これはマルクスが商品論第2節で解明した価値形成労働と第1節で明らかにした価値の実体との関係の説明です。つまり、商品論第3節価値形式論の前半は、第1節と第2節とを必然的に連関させるための節だったのです。

　その帰結とは、リンネルの価値表現において上着に与えられた価値形式が、リンネルの生産段階における価値形成労働の必然的結果であるということです。これが「回り道」の仕組の分析によって、マルクスがここで解明した事柄です。

　言換えますと、価値表現の「回り道」の仕組の解明は、商品交換関係を分析して得られた価値の実体が抽象的人間労働であったことの意味を合理的に理解可能なものにしたのです。それは実践的法解釈において犯罪の実体が法益侵害性と非難可能性であるとされたのが、裁判官が実践的法解釈以前の自己陶冶の過程において社会的規範意識に規定されていたせいであるということが、私の司法試験合格答案作成法によって暴露されたことと同じことです。

　ところで、この引用部分を本書第5章の価値実体論における鉄と小麦の等価関係に基づく抽象と混同されてしまう方がけっこういらっしゃるようですので注釈しておきます。

　価値実体論においては価値の実体を、或る商品（相対的価値形式にある商品）の価値の現象形式である諸交換価値（すなわち後述する展開された価値形式における種々の特殊的等価物）である鉄と小麦の等価関係から導いたのでした。つまり、価値の例示のいくつかを通じて、それらによって例示されている当のもの（価値）の実体を抽出したのです。それはたとえば、リンゴやバナナやミカンという例示を通じて、それらによって例示されている「果物」の実体を抽出したり、殺人や窃盗や放火という例示を通じて、それらによって例示されている「犯罪」の実体を抽出したりするようなことです。ですからその場合には、様々な例示に含まれている共通属性が問題となります。

　他方、上着をリンネルの価値の現象形式としてリンネルに等置しているここでは、リンネルと上着に含まれている共通属性ではなく、リンネルが従う価値概念に基づく対象性が価値形成労働としての抽象的人間労働の凝固であること

だけが、ここでは問題とされているのです[1]。つまりここでは抽象的人間労働がリンネルと上着の共通属性であるから[2]ではなく、リンネルの価値形成実体が抽象的人間労働であるがゆえに[3]、等価物上着がリンネル価値によって抽象的人間労働の凝固へと変更されているということの暴露、だからこそ、等価物上着はリンネル価値を規定している資本主義的生産様式の結果であるということの暴露、さらにそのような価値の現象形式上着が最終的に貨幣になるということの示唆、これらがここでマルクスによって示された事柄なのです。

　ですから、貨幣は資本主義的生産様式が生み出す必然的産物であるということ、そのことがここで示されたのです。

5　宇野・久留間論争の混乱について

　ここでやや専門的になるのですが、これまでマルクス貨幣論の哲学あるいはヘーゲル哲学が無視されてきたことにより、マルクス研究者たちによるこの「回り道」の理解がいかに混乱したのかについて触れておきたいと思います。

　これは日本を代表するマルクス経済学者の宇野弘蔵氏と久留間鮫造氏（以下、「久留間氏」と呼ばせていただきます）の歴史的に有名な論争において現われています。久留間氏はその論争の中で、単純な価値形式においては、リンネルは「上着を自己に」等置するのであって、「自己を上着に」等置するのではないということを強調されています。その結論はすでに説明したことからもわかりますようにまったく正しいのですが、問題はその理由です。久留間氏によりますと、後者はリンネルの独りよがりになってしまうからだと言われているのです。ちなみに、廣松氏も、リンネルによる価値表現がリンネルの独りよがりであるかのような見解に対し、「これで済ませうるならば苦労はない！」[4]と強い口調で批判されています。

　しかしすでに説明しましたように、リンネルが自己を上着に等置する解釈は罪刑法定主義に基づく法解釈のロジックであって、上着を自己に等置する「解釈」は実践的法解釈（リンネル価値の自己実現）のロジックですから、本書をここまで読まれた方なら、久留間氏がマルクスの意図と正反対の理由を述べてしまっていることに気づくことでしょう。また廣松氏の場合も、私にいわせますと価値表現の独善性の否定は「上着がリンネル価値の現象形式である」（上着はリンネル価値を規定している資本主義的生産様式の結果であり、上着の属性ではない）ということにおいてすでに示されているのに、そのことに気づか

ずに廣松氏独自の価値形式の対自・対他的四肢構造なるものによって、ことも
あろうにマルクスが否定している交換の場面でそのことを根拠づけようとして
いる点で、マルクスの意図を完全に捉え損なっているといわざるをえません。
要するにいずれも「現象形式」の意味をよく理解していないため、リンネルの
価値表現がリンネルの独善であることによって、むしろ上着の貨幣性の必然性
が示されていることに気づいていないのです。

　ここでもう一度実践的法解釈の例を思い出してみましょう。具体的には本書
第1章の14を読み直してみてください。すると気づかれるかと思いますが、「回
り道」の仕組からわかることは、実践的法解釈が裁判官の独善であるというこ
となのです。そのことは条文の属性がまったく顧慮されていないということを
意味しています。ですから、実践的法解釈は条文解釈ではなく、裁判官が法解
釈をする以前に、すでに従っていた社会的本質の自己実現行為なのです。そし
てだからこそ、そのような解釈結果は決して単に主観的な解釈ではなく、社会
的本質に基づく必然的な結果なのです。価値表現の場合もまったく同様で、リ
ンネル価値は上着を独善的に解釈していますが、決して恣意的に解釈している
わけではないのです。リンネル価値は、上着を利用して自己が社会的生産段階
で従っている社会的本質を実現しているのです。ですから、貨幣は資本主義的
生産様式が必然的に生み出している結果なのです。

　なお、リンネルと上着の単純な価値形式を、リンネルが自己を上着に等置し
ているかのように考えるのは、認識をすべて経験によって基礎づけようとする
経験論哲学の立場です。経験論的思考は、何らの本質や個性をもたないリンネ

---

1)「現象における実体は、純粋悟性概念によって考えられるような物自体ではない。つまりかかる実
　体は絶対的主体ではなく、感性における常住的形像であり、したがってそれは直観にほかならな
　い。」(カント著『純粋理性批判』岩波文庫中巻200頁) つまり、価値実体論では直観としての実体
　が、価値形式論では実践的な主体の規定になっていることが問題とされているのです。
2) 法解釈ではこのような言葉に含まれる共通属性に基づくような解釈を「類推解釈」あるいは「拡張
　解釈」と呼びます。それら自体は、形式的根拠さえあれば常に可能です。たとえば、野球における
　盗塁は塁の窃盗であり、走者をアウトにする行為は「刺す」や「殺す」ともいいますから、傷害や
　殺人であるというように。
3) これが法解釈で「類推の基礎」などと呼ばれる実質的根拠（法の趣旨や概念等）です。それは前注
　の例を用いて説明しますと、盗塁はなぜ窃盗罪にならないのか、の根拠のことです。それは「盗塁」
　と「窃盗」に含まれている「盗む」という共通属性が問題なのではなく、窃盗罪の実体あるいは概
　念が法益侵害性や非難可能性であることに由来します。つまり、盗塁は法益侵害行為や非難される
　べき行為ではないから無罪なのです。
4) 廣松渉著『資本論の哲学』第2版136頁。

ル、すなわち交換の外でまったく自己陶冶されていない主体[5]が、自分の他者である上着に引きずり回されてしまっているということを前提にしています。ですからこの場合こそ、リンネルは独りよがりではなく、上着という自分の他者に謙虚に従っているのです。しかし、そのような解釈は決して必然的結果を生み出しません。カントが強調したことですが、このような経験論的思考はアプリオリな知、要するに科学を否定してしまうのです。ちなみに、ヒュームというイギリス経験論哲学者は、まさにこのような思考によって科学的因果関係の必然性を否定し、科学を仮象であるかのように誤認したのです。

　というわけですから、リンネルの価値表現はリンネルの独りよがりでまったくかまわないのです。むしろそれがリンネルの独りよがりでなければ、上着の貨幣的な性格は、使用価値上着由来の様々な偶然や不純物を含んだ非科学的な蓋然的事実（外的反省）になってしまうからです。繰返しますが、<u>上着の貨幣性格が、リンネルの独善の結果であるからこそ、それはリンネルが規定され、従っている社会的本質の必然的結果なのです</u>[6]。それは有能な裁判官の独善的な形式による法解釈結果が、私たちを支配している社会的規範意識の必然的結果であるが故に、社会的現実性や必然性を持つことと同じことです。（「あとがき」参照）

6　商品語と公用語

　「流動状態にある人間の労働力、すなわち人間労働は、価値を形成するが、価値ではない。それは凝固状態において、対象的形式において価値になるのである。リンネル価値を人間労働の凝固として表現するためには、それを、リンネルそのものとは物的に違っていると同時にリンネルと他の商品とに共通な「対象性」として表現しなければならない。課題はすでに解決されている。」（国99・岩95）

　リンネルの価値は非対象的な純粋概念ではなく、対象性を持ちます。それはいわば価値概念の身体で、そのままでは他者に伝達不可能な代物です。そのような身体は、それとは区別された上着や小麦や鉄のような、他の主体にとっても共通な素材（A）を通じて可視化されます。法律の世界では条文の言葉がそれに当たります。ですから、リンネルの価値表現では価値対象性が、そのような共通な対象性として表現されなければならないのです。その課題はすでに解

116

決されています。というわけで、マルクスは以下のように宣言します。

　「要するに、さきに商品価値の分析がわれわれに語ったいっさいのことを、いまやリンネルが別の商品、上着と交わりを結ぶやいなや、リンネル自身が語るのである。」（国101・岩97）

　「さきに商品価値の分析がわれわれに語ったいっさいのこと」とは、交換価値としての上着がリンネル価値の現象形式であるということです。それが判明したいま、上着に与えられた価値形式の内実のほとんどはリンネルに由来するものであって、上着に由来するものはまったく無内容な上着の感性的な直接性、つまりそれ自体としては何らの意味を持たない空虚な音声や象形文字としての「上着」だけだということが明らかになったのです。そのような意味で、ここでの「上着」はもはや一万円紙幣における「単なる紙切れ」と同じようなものです。それは最終的には紙である必要性さえなく、電子マネーの一瞬のプルスでもまったくかまわないのです。ここでの「上着」はこのような意味で、リンネルの単なる言葉になってしまっているのです。そこでマルクスは次のように説明します。

　「ただ、リンネルは自分自身の思想をリンネルだけに通じる言葉で、つまり商品語で言いあらわすだけである。労働は人間労働という抽象的属性においてリンネル自身の価値を形成するということを言うために、リンネルは、上着がリンネルと等しいとされる限り、つまり価値である限り、上着はリンネルと同じ労働から成っている、と言うのである。自分の高尚な価値対象性が自分のごわごわした肉体とは違っているということを言うために、リンネルは、価値は上着に見え、したがってリンネル自身も価値物としては上着にそっくりそのままである、と言っているのである。」（国101・岩97）

5）経験論哲学の用語では「タブラ・ラサ」と言います。
6）「現象はあくまで現象であってそれ以上のものではないとすれば、……（中略）……かかる現象そのものは、現象ではないような根拠を別にもたねばならない。しかしかかる可想的原因は、その原因性を現象によって規定されるものではない。もっとも、この原因から生じた結果は現象でありえるし、そうすればそれはまた他の原因によって規定されえるわけである。」（カント著『純粋理性批判』岩波文庫中巻210頁）つまり、カントが可想的な原因と考えた統整的主体は、マルクスにおいては社会に規定された現実的な統整的主体だったのです。

「商品語」などと言われますと何かとても不可解で、神秘的なもののことを想像する方々もいるかもしれませんが、等価形式が自己の本質の「表現様式」であることを理解している本書の読者であれば、比較的容易にイメージできるはずです。つまりマルクスがここで言っていることは、ここでの「上着」がリンネル価値を制限する単なる客体ではなく、リンネル価値という主体を構成している素材であるということです。つまり、言葉は主体の思想にとって不可欠な身体的素材であって、思想から分離することは決してできない主体の一部なのです[7]。それはすでに指摘しましたように、手足があなたの身体的素材であって、あなたが手足を奪われることは、あなたが所持する財産を奪われることとまったく異なる意味を持つことと同様です。言葉自体は音声や文字等の客体的な自然素材ですが、言葉が表現している対象性はその素材が持つ自然属性とはまったく無関係の主体なのです。

さて、ここで注意すべきは「商品語」の対立項が「人間語」だけではないという点です。「人間語」に対立するだけの商品語であれば、すべての商品に通じる言葉であるはずです。しかし、ここでの商品語は「リンネルだけに通じる言葉」です。ですから、ほんとうは「リンネル弁」と表現した方がよかったようにも思えます。

具体例で説明しましょう。たとえば、「犬」の絵を描けと言われてAさんがチャウチャウ犬を描いたとしましょう。しかし、Bさんはこれまで犬といえばチワワしか知らなかったとしましょう。さて、BさんはAさんが描いた絵を見て、それを犬だと認識できるでしょうか。おそらく難しいでしょう。それは、Aさんにとってはチャウチャウ犬が、Bさんにとってはチワワが「犬」だからです。つまり、チャウチャウ犬はAさんにとってだけ、他方、チワワはBさんにとってだけ「犬」の現象形式なので、両者は実は同じ意味であるのに、AさんとBさんの間では言葉が通じないので、そのことを理解しあえないのです。

商品価値は超感覚的なものです。そこで、それを他人に示すためには可視化しなければならないのですが、リンネルはそれを最初に遭遇した上着の姿で描いたのです。なぜなら、リンネルは上着以外の価値の例示を知らなかったからです。ですから、上着はそのリンネルあるいはそのリンネルとまったく同じ境遇の商品に対してしか価値物として通用しないのです。

ですから「上着」の意味が価値物であるということは、国語辞典には書かれていません。しかしだからこそこの段階ではリンネルの主体性が自覚できるの

です。後述する一般的価値形式の段階では価値を意味する公用語が成立してしまいますので、その言葉の意味は辞書に記されてしまいます。すると私たちは、一般的等価物の意味を所与として認識してしまうことになるのです[8]。

　というわけで、この段階のリンネルはまだ「価値」という言葉を知りません。リンネルはすでに価値概念を具えているのですが、リンネルにとってのその呼び名は「上着」であって、まだ「価値」ではないのです。

7　相対的価値形式の量的規定性

　これまで対象にしてきた「20 エレのリンネル =1 着の上着」という価値形式は、リンネルの価値の大きさも表現しています。そこで、マルクスは次のように述べます。

　この場合の価値表現は「1 着の上着に、20 エレのリンネルに含まれているのとちょうど同じ量の価値実体が含まれているということ、したがって両方の商品量に等量の労働または等しい労働時間が費やされていることを前提する。」（国 103・岩 99）

　つまり、価値表現を価値の大きさの表現としてみた場合、それは両商品量に同じ大きさの実体が含まれていることの表現を意味することになります。なお、ここでの価値実体はもちろんリンネル価値の頭脳の中にあるものですから客観的事実ではありません。ですから、「前提する」と言われているのでしょう。つまり、ここでの量的規定性とは客観的な等価関係のことではなく、リンネルが前提している量的規定性を意味しているのです。

　というわけで、価値表現における二つの商品種類の量的比率は、相対的価値形式にある商品が独断的に考えている、両商品に含まれる価値の大きさです。問題はその価値の大きさの判断根拠なのですが、それは生産力の変化を典型とする商品価値量を変動させる要素です。その場合に重要なことは、「20 エレの

---

7) したがって、マルクスにとって言語とは客体ではなく主体であり、言い換えますと、客体の属性とは無関係な統一的価値体系です。そのような意味で、言語とそれが指示している客体との関係は恣意的であって、必然性を持ちません。ここでの上着の価値形式が、上着の属性と無関係であるというのはそういう意味です。ちなみに、私はソシュール言語学には詳しくないのですが、以上のような理由から、マルクスの言語観はソシュール言語学とも関係が深いのではないかと私は考えています。

8) 刑法 245 条が立法される以前の刑法 235 条の実践的法解釈からはその主体性が容易に看取できますが、刑法 245 条が規定されてしまいますと、同じ法解釈が、国会が決めた法律の文言に単に従っただけの客体に制限された解釈にみえるようになるのと同じことです。

リンネル =1 着の上着」で表現されている価値の大きさはもちろんリンネルの価値の大きさなのですが、その表現内容（数的比率）は「両商品」に含まれている価値の大きさの比例関係ですから、一方すなわちリンネルだけの価値の大きさの変化を反映したものではないという点です。そこでマルクスは、「価値量の現実の変動は、価値量の相対的表現または相対的価値の大きさには、明確にも完全にも反映しない」（国 105・岩 101）と述べているのです。

第 9 章

等価形式論（貨幣の謎の正体）

1 貨幣形式の論理的必然性

「すでに見たように、一商品Ａ（リンネル）は、その価値を異種の一商品Ｂ（上着）の使用価値で表わすことによって、商品Ｂそのものに、一つの独特な価値形式、等価物という価値形式を押しつける。リンネル商品はそれ自身の価値存在を顕わにしてくるのであるが、それは、上着がその物体形式とは違った価値形式をとることなしにリンネル商品に等しいとされることによってである。だから、リンネルは実際にはそれ自身の価値存在を、上着が直接にリンネルと交換可能であるということによって、表現するのである。したがって、或る商品の等価形式は、その商品の他の商品との直接的交換可能性の形式である。」（国106 ～ 107・岩103）

商品の価値形式がなぜ、貨幣形式を論理必然的に生み出すのか、マルクスのここの説明は、その問いに対する解答です。しかしここのマルクスの説明は、哲学に親しんでいない人にはかなり理解が難しいのではないかと私は感じています。

その説明部分とは、「リンネルは実際にはそれ自身の価値存在を、上着が直接にリンネルと交換可能であるということによって、表現しているのである」です。この「実際には」という言葉のニュアンスを読者の皆さんは感じ取ることができるでしょうか。

本書の読者の皆さんには、まず、ヒントをお出ししたいと思います。それは「高校生でもわかるコペルニクス的転回」の解説部分です。そこで高校生が、夢と現実を区別する方法として言ったことを思い出してみて下さい。その高校生は因果律に従う事実は現実で、それに従わない事実は夢だという基準を立てました。しかし、因果律とは無限な実例を有するものの、それ自身は抽象的カテゴリーですから、それをそのままで判断基準にはできません。そこでその高校生はその無限な実例の中から一つを選んで、それを現象形式として産出したのでした。それは「頬をつねる」でしたね。ですから、その高校生は、実際には、「頬をつねると痛い」というごく一般的な感覚的具体的事実によって、現実性という抽象的本質を判断あるいは表現していたわけです。

「頬をつねると痛い」は「リンゴが木から落ちる」とか「水を冷やせば氷結する」などの事実と同列の一感覚的事実にすぎません。ところが、その高校生にとっ

ては、その一感覚的事実が因果律を判定する際の特別な基準になっているのです。なぜだかはわかりますよね。それがその高校生にとっては因果律の現象形式であって、単なる事実ではないからです。ですからその高校生に対して、「「頬をつねると痛い」は因果律に従っているのか？」と問うことはナンセンスです。それはその高校生にとって因果律の現象形式である以上、因果律（現実性）の認識基準であって、何かから媒介的に導き出された帰結や単なる事実ではないからです。もしもそれが何かの帰結や単なる事実であれば、もちろん、そのような問いも成り立つことでしょう。しかし、それに答えるためには別の感覚的事実（実例）を因果律あるいは現実性の判断基準にすることになり、その場合には、その別の感覚的事実（実例）が再び因果律の現象形式として、直接的に前提されることになるのです。

　以上を踏まえて、ここでのマルクスの説明を考察してみましょう。

　まずここで「価値存在」とは「リンネルは価値である。」の述語のことです。リンネルの使用価値存在は具体的なリンネル商品の身体（布製品としてのリンネル）や、それを言い表す言葉です。これに対し、「価値存在」は「上着に等しい」ということになります。

　つまり、この価値表現には「上着と等しいものは価値である」という法則が含まれているのです。すると、上着が、他の商品と交換可能な価値物（ｓａＡ）であることもまた直接的に前提されていることになります。そうでなければ「上着と等しいものは価値である」という法則を生み出さないからです。

　つまり、リンネルの価値表現には、「上着は価値物である」　→　「リンネルは上着と等しい」　→　「リンネルは価値物である」という推理が含まれているのです。

　しかし本来、上着はリンネルや鉄や小麦と同列の具体的で感覚的な一商品種類（使用価値）にすぎません。ですから、事実として存在する上着が他の商品と交換可能なもの、すなわち価値物であるのかどうかには証明が必要なはずです。しかし、このリンネルとの価値関係の中では上着が価値物であって、リンネルその他の商品と交換可能であるということが証明不要な事実とされているのです。「直接的」とは、この「証明不要性」を言換えた言葉だと思われます。なぜなら、「直接に」という意味を表現するドイツ語は「無媒介に（unmittelbar）」という言葉だからです。つまり、上着以外のすべての商品は自分が価値であることを上着との同等関係の中で媒介的に証明しなければならないのですが、上

着だけは証明抜きで他の商品と交換可能な価値物であることが直接に前提にされているのです。

　さて、以上の上着のように、他の商品と証明抜きで交換可能で、他のすべての商品の価値を証明する手段となるような商品とは明らかに貨幣です。ですから、等価物上着は、即自的な貨幣なのです。

　法解釈の例で考えてみましょう。本書の第1章では「電気窃盗は財物窃盗罪（刑法235条）に該当するから有罪である」という解釈を導きました。この場合、実際に実行された電気窃盗の犯罪性は、実際には、財物窃盗行為という感覚的で具体的な行為との同等性によって、媒介的に導かれています。他方、その財物窃盗行為が犯罪であるということは無媒介的に前提されています。すなわち、財物窃盗行為はそれ自体感覚的具体的行為であるのに、そのような感覚的な姿のままで、ある行為が犯罪に該当するかどうかに関する普遍的基準、あるいは法益侵害性や非難可能性という抽象的なものの現象形式になっているのです。「嘘つきは泥棒のはじまり」という諺の場合の「泥棒」も同様ですね。

　但し、両者の例には大きな違いもあります。法律解釈は、ヘーゲル論理学でいえば、概念の立場です。ですから、刑法235条の本質（法益侵害性や非難可能性）を必ずしも犯罪概念の現象形式から認識する必要はなく、解釈者自身の概念から導くこともできますし、刑法235条がその概念に反していれば変更（改正）することも可能です。しかし商品世界の主体は人間的概念ではありませんから、私たちは現象形式からその概念を認識するほかありません。その結果、私たちはそれを貨幣（等価物）商品の交換可能性として認識するわけなのですが、その交換可能性の根拠が何であって、それがなぜ商品価値の本質であるのかについてもまた、価値概念が人間的概念ではない以上、直ちに認識することはできません。それらの問題の解明には、交換関係とは別の考察が必要になるのです。なぜなら、その概念の主体は社会的生産様式だからです。

　すると「直接的」とは「感覚的な私的生産物にすぎない上着をまったく変更することなく」を強調する言葉だと解釈することも可能だと思われます。価値概念の特徴は、経験を超越する主体でありながら、自己表現では経験的な素材をそのまま、つまり否定しないで利用する点にあるからです。ですから、因果律の場合と異なり、概念と対象の間に大きな離齬が認められます。

　つまり、「頬をつねると痛い」が因果律の実例であることは容易に理解可能ですが、単なる使用価値上着が価値の実例（現象形式）であることは容易に認

識できません。ですから、等価形式は様々な謎や神秘を生み出すことになるのです。

　このようなわけですから価値概念はまだ真の実践的概念ではなく（真の概念なら、概念に合致しない対象を、合致するように変革しようとします）、カントなら「現象的原因」と表現するような過渡的主体だといえることでしょう。

　ところでこの「直接的交換可能性」については、「この価値表現をしているリンネル所有者（売主）の下に（使用価値としての）上着を持参すればただちに交換できる」という意味であるかのような説明を、昔はけっこうみかけました。しかしもちろん、ここでマルクスはそんなことを言っているのではありません。つまり、「リンネルを上着と交換したいです」と言っている人がどこかにいたとして、その人のところに上着を持参すれば必ず交換してくれるみたいな小学生にとっても自明な結論を導くために、マルクスは価値形式論を論じてきたわけではありません。

　但し、厳密にいいますと、このような説明は小学生にとっても自明であるどころか、ほんとうは実現不可能なことです。なぜなら、このような説明方法における「直接的交換可能性」とはリンネルの価値形式に基づくものではなく、リンネル所有者の欲望に基づくものだからです。すると、上着でありさえすればそれがどんなに汚れていてボロボロのものであっても必ず交換してくれるようなリンネル所有者などはいないはずです。どんな上着であっても、ただそれが上着という商品種類でありさえすればリンネルと交換可能であるためには、リンネル所有者にとって上着が欲望の対象ではなく、貨幣商品になっていなければならないのです。たとえば読者の皆さんも、ピカピカの500円玉とボロボロでくさい臭いさえする一万円札のどちらかを選べと言われたら後者を選ぶ人が多いことでしょう。それは一万円札が貨幣商品であって、ボロボロの紙幣自体は皆さんの欲望の対象ではないからです。しかし、上着を貨幣商品にすることは、欲望に左右されているリンネル所有者には不可能です。それを実現できるのは、直接的交換可能性を社会的正義概念（神）とみなしている商品（ここではリンネル）だけなのです。

2　純粋概念の現象形式としてのアンパンマン

　ここでリンネル価値による産出物あるいは構想物としての上着と具体的な上着との関係を理解するために、また少し息抜きになりそうな話題で説明しま

しょう。

　さて問題です。正義の人であっても不正行為をすることはありえるでしょうか。答はイエスだと思います。正義の人であっても、その人が具体的な人間であれば感情に支配される可能性を否定できません。イライラしていたり、虫の居所が悪かったりする場合にはうっかり乱暴な言葉を発してしまうこともあることでしょう。そこでたとえば「ほんの少しでも不正をはたらくような者は正義の人ではない」と定義するなら、その場合の「正義の人」とは概念の純粋形式としての対象（概念の現象形式）になってしまいますから、実在している人間においては「正義の人」は皆無ということになることでしょう。

　悪の場合も同じで、芥川龍之介作の『蜘蛛の糸』が思い出されますが、「少しでも正義に適う行為を行った者は悪人ではない」と定義するなら、この世に悪人は存在しないということになることでしょう。

　つまり、具体的に実在している人間は純粋概念の現象形式ではありえないのです。しかし、具体的な人間を純粋概念の現象形式として対象化することならできます。その典型が神や悪魔やアンパンマンです。

　たとえば、アンパンマン（神でも同じです）が愛や勇気に反する行為をすることがありえるでしょうか。もちろん、大目にみてあげることができるようなレベルのものは除きます。答はノーですよね。なぜでしょうか。それはアンパンマンが具体的な存在形式をとった純粋概念、すなわち愛と勇気の現象形式（思考の産物）としての対象的形式だからです。ですから、アンパンマンの行為が常に愛と勇気に基づいているということは、その作者との関係においては不要証なのです。なぜなら、アンパンマンの作者にとって、アンパンマンの行為こそが自己が信じる愛と勇気の表現だからです。

　同様に、等価形式にある上着は価値概念を正義や神とみなしている商品が産出した純粋概念の現象形式です。ですから、リンネルとの関係において上着は自分が価値であるということを証明する必要はなく、むしろリンネルにとっての価値の認識基準や尺度になるのです。

3　価値量の表現としての等価形式

　マルクスは続いて、リンネルの価値表現を価値量の表現として考察します。したがって、ここでの価値表現は「20 エレのリンネルには上着1着分の価値がある」です。

マルクスは例によって、商品の価値量自体は交換段階における価値形式とは無関係に、その生産に必要な労働時間によって決まるということを指摘してから、次のように述べます。

　「しかし、商品種類上着が価値表現において等価物の位置を占めるならば、この商品の価値量は価値量としての表現を与えられてはいない。この商品種類は価値等式のなかではむしろ或るものの決められた量（bestimmtes Quantum einer Sache）として現われるだけである。」（国107・岩104）

　つまり、この価値表現においては物としての上着の価値量が無視されているのです。まさに、一万円紙幣と同じですね。一万円紙幣は、その紙幣に1万円の価値がある[1]から1万円の価値を表現しているのではありません。一万円紙幣は、あらかじめ1万円の価値があると決められているから1万円の価値物とされているのです。

　以前に触れた「このジュースにはレモン50個分のビタミンCが含まれている。」という表現を例に考えてみましょう。この場合、実在する物としてのレモンには二つとして同じレモンは存在しないにもかかわらず、レモン50個分という場合に思い浮かべられているレモンはすべて同じ、一様なレモン[2]です。ですからこの場合のレモンは具体的なレモンではありません。それはビタミンCの現象形式なのです。ですから、等価物としてのレモンに含まれるビタミンCの量などを考えることはできません。この関係においてレモンが表現しているビタミンCの量は、あらかじめ決められている単位量です。現在の日本の飲食品業界で広告文言等に使用する場合のレモン1個はビタミンC20mgを意味することになっています。ですから、レモン50個はビタミンC1000mgを意味します。

　というわけで、1着の上着が表現する価値量はいわば上着というお札に書かれた金額のようなものです。だからこそ、等価物上着はすでに潜在的な貨幣なのです。

---

1) 一万円紙幣の価値はその原価のことです。佐藤優氏の2018年3月15日付のネット記事によりますと、22円から24円くらいとのことです。
2) このような「レモン」は思考の産物ですから、マルクスは単なる「物」を意味するDingではなく、Sache（「物象」）という言葉を用いています。

4 等価形式の第一の特色と等価形式の謎

　マルクスは「或る商品の使用価値が他の商品の価値の現象形式になる」（国108・岩104）ことが等価形式の第一の特色だと指摘します。すでに説明した「回り道」の仕組から明らかになったことです。

　さて、マルクスはここで、この等価形式の特徴が等価形式の謎あるいは商品物神崇拝を生み出す重要な原因であることを次のように説明します。

　「ある一つの商品、たとえばリンネルの相対的価値形式は、リンネルの価値存在を、リンネルの身体やその諸属性とはまったく違ったものとして、たとえば上着に等しいものとして表現するのだから、この表現そのものは、それがある社会的関係を包蔵していることを暗示している。」（国110・岩106）

　リンネルの上着による単純な価値表現は、これまで考察してきましたように、社会に規定されたリンネルが、リンネル自身の身体とは異なる上着を手段として行う自己の本質表現（自己実現）です。ですから、リンネルの価値表現が、リンネルを規定している社会的本質を包蔵していること、言換えますと、「上着」がリンネルの社会的自己立法の産物であることを、リンネルは認識できるのです。つまり、商品の等価形式あるいは貨幣形式の秘密は、単純な価値形式における相対的価値形式の分析によって明らかになるのです。商品の等価形式をいかに分析しても、そこには貨幣の謎しか発見できないのです。

　「等価形式については逆である。等価形式は、ある商品体、たとえば上着が、このあるがままの姿の物が価値を表現しており、したがって生まれながらに価値表現をもっているということ、まさにこのことによって成り立っている。」（国110・岩106）

　すでに述べましたように、上着はリンネルとの価値関係内部において直接的交換可能性の形式を持ちます。ですから、上着が価値物である根拠は、リンネルとの価値関係内部においてそれが上着であることということになります。こうして等価物上着の価値形式は、上着にもともと具わっていた自然属性 pA に由来するものであるかのようにみえることになります[3]。これが、価値表現の「回り道」が生み出す等価形式の謎で、マルクスはこれを「等価形式の不可解さ」

と呼ぶのです。

　この等価形式の謎は単純な価値形式段階においては解くことが可能です。マルクスがこれまでに行った相対的価値形式の内実の分析がその解明です。しかし、後述する価値形式の発展の考察から明らかになりますが、この形式が完成されて貨幣形式になりますと、価値表現の主体、すなわちリンネルが消えてしまいますので、解けなくなってしまうのです。ですからマルクスは次のように言います。

　「それだからこそ、等価形式の不可解さが感ぜられるのであるが、この不可解さは、この形式が完成されて貨幣となって経済学者の前に現われるとき、はじめて彼のブルジョア的な粗雑な目を驚かせるのである。その時、彼はなんとかして金銀の神秘的な性格を説明しようとして、金銀の代わりにもっとまぶしくないいろいろな商品を持ち出し、かつて商品等価物の役割を演じていたことのある一切の商品賎民の目録を繰り返しこみあげてくる満足をもって読み上げるのである。彼は、20 エレのリンネル ＝1 着の上着　というような最も単純な価値表現がすでに等価形式の謎を解かせるものだということには、気づかないのである。」（国 110 ～ 111・岩 107）

　貨幣形式（あるいは一般的価値形式）がどのような形式であるのかについて、マルクスはまだ説明していません。ですから、ここのマルクスの説明はやや唐突で、わかりにくいと私には思われます。

　ともあれ、「かつて商品等価物の役割を演じていたことのある一切の商品賎民の目録」を読み上げるという言葉が解読の手がかりになります。後の一般的価値形式論で明らかにされますが、貨幣形式の相対的価値形式に位置する商品はリンネルではなく、リンネル以外の多数の商品です。しかし、それらはかつてリンネルの商品等価物の役割を演じていたことのある諸商品ですから、それらをいくら分析しても、等価形式の謎は解けないのです。それどころか、その段階では一般的等価形式が価値を表現する公用語になってしまっていますか

---

3) 貨幣論におけるこの仮象を見破ることができる人々でも、カントが解明した、認識が生み出す同じ仮象にはだまされる人が多いのです。たとえば「コップがある」という認識は、正しくは或る客体を、認識主体がコップと規定することで生じる現象知なのですが、そもそも（物自体としての）コップがあるから、私たちはそう認識するのだと誤解してしまう人が多いのです。ジョン・ロックの経験論的認識論がその典型です。

ら、それが社会から自由な個別的な諸商品による合意の産物であるかのように
みえてしまい、等価形式が社会的生産様式の産物であるという事実が覆い隠さ
れてしまうのです。その結果、「経済学者」にとっては、それが「机が勝手に
踊りだす以上の奇怪な妄想」（国133・岩130）という謎のままで留まってしま
うことになるのです。

5 等価形式の謎と物神崇拝

このロジックについてはヒュームを引き合いに出した部分（本書第8章5参
照）ですでに説明しましたが、商品物神崇拝論を理解するためにとても重要で
すので、ここでもう一度詳しく説明しておきたいと思います。

マルクスによる「回り道」の考察が明らかにしたことは、商品の貨幣性が仮
象ではなく、この社会の本質（社会的生産様式）に基づく必然的な産物、すな
わち科学的事実だということです。リンネルの価値表現に含まれる「回り道」
の考察は、上着の貨幣性がpA（上着の使用価値）に由来するものではなく、s（リ
ンネルを規定している価値形成労働）の産物であることを明らかにしたからで
す。

しかし「回り道」は、等価物商品の貨幣性を等価物商品がもともと具えてい
た自然属性に由来するものであるかのようにみせかけます（pA→saA）。マ
ルクスによる「回り道」の考察は、この点についても明らかにしました。

さて、ここで勘違いされる方が多いので注意しておきますが、「商品の貨幣
性や貨幣商品の価値（たとえば一万円紙幣が持つ1万円の価値）が商品の自然
属性にみえることが仮象であること」を暴露することが、マルクスのここでの
意図ではないという点です。なぜなら、この仮象はすでに触れましたように、
私たちの社会に実在する事実としての「等価形式の不可解さ」ですから、多く
の人々が「回り道」の仕組とは無関係に容易に気づくレベルのいわば自明の仮
象、価値形式論などまったく知らない中学生でも知っているレベルの仮象だか
らです。ですから、ここでのテーマはこのレベルの仮象を指摘することではあ
りません。そうではなく、そのような明白な仮象が生み出す結果の方なのです。

というわけで、物が社会的性格を自然属性として持つということは多くの
人々にとって明らかな仮象です。ですから、このことは人々にとっての動かし
がたい大前提になります。しかし、商品の貨幣性は、私たちの社会において現
実性を具えています。すると、彼らはその現実性をどのように理解することに

なるのでしょうか。

その場合の代表的な方法は次の二種類です。一つめは商品の貨幣性が錯視や想像の産物だと説明する方法です。すなわち、人々が金銀のまぶしさにだまされて、それらに高い価値が具わっているという錯覚に陥るせいだという説明です。ですから、この立場を批判する経済学者たちは「金銀の代わりにもっとまぶしくないいろいろな商品を持ち出」すことによって、まぶしさを根拠とする商品価値が仮象であることを証明して事足れりと考えてしまうのです。これは後述する自由貿易行商人の立場に近いものです。

この立場は商品の内在的な価値を否定します。貨幣商品にはほんとうは価値がないのに、多くの人々がそれに想像上の価値や崇高さのようなものを感じるから価値が生じるのだということになるのです。

もう一つの説明方法は経験則だというものです。多くの実務家にとっては一般に、経験的普遍性によって確証されている事実が重要なのであって、その理論的根拠などはどうでもいいものです。彼らにとって習慣的に繰返し観察されることによって経験的に確証されている事実は、すなわち客観的科学法則なのです。後述する重商主義者がこれに近い立場です。

しかし、この説明方法は明らかにごまかしです。習慣的観察は科学的必然性を証明できません。ですから、この立場は仮象やジンクスを科学的法則と取り違えていると批判されることになります。これがヒュームが行った科学批判の観点です。しかし、カントが明らかにしましたように、ヒュームが仮象だと考えた科学的法則は実は現象知だったのです。ですから重商主義者たちの立場の認識は、まぐれ当たりにすぎないとはいえ正しいのです。なぜなら、マルクスは彼らが単なる経験則だと誤解した事実を科学的事実であると証明したのですから。

要するに、商品の貨幣性や貨幣商品の価値が商品の自然属性であるという認識が誤りであるということは誰でも気づくことなのですが、それらが価値関係内部において実際に商品の属性であるということ、マルクスの表現を借りますと、労働生産物の社会的自然属性であるということは現象知であって、科学的事実なのです。にもかかわらず、「回り道」の仕組が生み出す仮象にだまされてしまいますと、ほんとうは科学的事実であるそれらが、仮象であるかのように認識されてしまい、その結果、貨幣の価値が人間たちの錯視や錯覚に基づく産物として理解されてしまい、資本主義社会の本質に基づくものとして理解さ

れなくなってしまうのです。

6　貨幣の謎の発生根拠

　「裁縫の形態でも織布の形態でも、人間の労働力が支出される。それだから、どちらも人間労働という一般的な属性を持っているのであり、また、それだから、一定の場合には、たとえば価値生産の場合には、どちらもただこの観点のもとでのみ考察されうるのである。こういうことは、なにも神秘的なことではない。ところが、商品の価値表現では、事柄がねじ曲げられてしまうのである。たとえば、織布はその織布としての具体的形式においてではなく人間労働としての一般的属性においてリンネル価値を形成するのだということを表現するためには、織布にたいして、裁縫が、すなわちリンネルの等価物を生産する具体的労働が、抽象的人間労働の手でつかめる実現形式として対置されるのである。

　だから、具体的労働がその反対物である抽象的人間労働の現象形式になるということは、等価形式の第二の特色なのである。」（国 111 ～ 112・岩 108）

　この引用部分において、マルクスが「商品の価値表現では、事柄がねじ曲げられてしまう」と指摘している事柄とは何のことなのかについて、読者の方々は気づくでしょうか。

　法解釈の話を思い出してみましょう。

　10万円分の電気窃盗も現金10万円の泥棒も結局のところ10万円分の財産的法益侵害行為ですから、犯罪であるかどうかやその重さを考える場合にはその観点、すなわち法益侵害性や非難可能性という犯罪の実体に基づいて考えるべきだというロジックには何らの神秘性もありません。実際、実務法曹、とりわけ有能な裁判官はそのような自覚の下で、刑法235条を自らが信じる社会正義概念の凝固に変更し、それを法解釈の最重要根拠としたのでした。

　ところが、彼らはその自分たちの営為をどのように表現したのでしょうか。もう、思い出されましたよね。そう、彼らは実際には自分自身を社会によって規定し、すなわち、社会を主体とする実践的法解釈をしていながら、その営為を（pＡ　→　（pＡ→ｓａＡ））として表現したのでした。それはつまり、抽象的な本質や社会的実体を、無数に実在している犯罪（犯罪の本質の現象）のうちの一事実、この場合には財物窃盗との同等性に基づく解釈として表現した

のです。そのため、感覚的に把握できる財物窃盗行為自体は本来、電気窃盗と同列の単なる一感覚的、具体的犯罪であるにもかかわらず、したがって、その犯罪性は何らかの条文や規定との同等性によって基礎づけられねばならないはずであるにもかかわらず、「嘘つきは泥棒の始まり」といわれる場合の「泥棒」のように、直接的（無媒介）に犯罪として、すなわち、その具体的形式のままで抽象的な本質を表す特別な事実とされることになるのです。

　ちなみにその結果、法律解釈におけるこのような秘密を知らない多くの人々はさらに、社会に規定された司法による実践的法解釈を、立法府が規定した条文の言葉の意味に基づく解釈、罪刑法定主義に従った解釈であるかのように誤認してしまうことにもなるわけです。

　要するにマルクスは、私たちが実践的法解釈のロジックの考察において発見した、裁判官による合法的な表現のすり替え（ｐＡ　→　（ｐＡ　→　ｓａＡ））、これが価値表現に含まれている、貨幣の謎を生み出すロジックだということをここで強調しているのです。

　マルクスはさらに、等価形式の第３の特色として、以下のように指摘します。

「だから、私的労働がその反対物の形式すなわち直接に社会的な形式にある労働になるということは、等価形式の第三の特色である。」（国112・岩108～109）

　価値表現において実際に認められるこのような神秘的な特色もまた、価値表現の「回り道」に含まれている（ｐＡ　→　（ｐＡ　→　ｓａＡ））に基づくものであるということは、もはや言うまでもないことでしょう。

　以上のことから、マルクスがこの等価形式論、すなわち即自的な貨幣論で私たちに強調したかった事柄が明瞭になってきます。

　それ自体としては平凡な感覚的具体物にすぎない或る商品の使用価値が商品価値、すなわち普遍的で抽象的で、社会的なものを表現しているという事実、これこそが私たちが知っている等価形式および貨幣の謎です。では、その発生根拠は何だったのでしょうか。それはこれまでのマルクスの分析によりますと、何らかのイデオロギーや錯覚のせいではありません。なんと、純粋に論理的な理由だったのです。

　私たちがまだ自覚していない概念、すなわち私たちにとっての対象的な本質

は、私たち自身の意思や目的から認識することは不可能で、そのような対象的本質の現象形式から解読せねばなりません。本質にとって、現象形式は自己の個性を示すために自己に具えるべき不可欠な形式です。では、現象形式とは具体的には何のことだったでしょうか。それは無限に存在している本質の実例のうちの一つです。ですから、そのような本質的関係においては、無限に存在している本質の実例のうち、ただ一つだけの実例が、その具体的感覚的形式のままで、普遍的な本質を直接に表現する特別な実例にならざるをえないのです。それが、本質の現象形式です。ですから貨幣とは、まだ概念の段階にない社会が論理必然的に産出せざるをえない、社会的本質の現象形式だったというわけです。

7　アリストテレスの価値形式論

　続いて、マルクスはアリストテレスの価値形式論を考察します。その内容を要約しますと、マルクスによればアリストテレスは貨幣形式の秘密に気づいてはいたのですが、人間労働の同等性という価値概念がなかったためにその意味を解読できず、異種の商品の等置を「実際上の必要のための応急手段」（国113・岩110）として理解したのだというものです。そしてマルクスは言います。

　「それは、ギリシアの社会が奴隷労働を基礎とし、したがって人間やその労働力の不等性を自然的基礎としていたからである。」（国114・岩110 ～ 111）
　「価値表現の秘密、すなわち人間労働一般であるがゆえの、またその限りでの、すべての労働の同等性および同等な妥当性は、人間の同等性の概念がすでに民衆の先入見としての強固さをもつようになったときに、はじめてその謎を解かれることができるのである。」（国114・岩111）

　この部分は一見したところ、マルクスがアリストテレスを引き合いに出してマウントを取っているかのようにも読めそうですが、私は必ずしもそうではないと考えています。なぜなら、アリストテレスの時代の市民たちは奴隷労働に依存していたことにより、実際に、社会に依存していない自由な人間たちだったからです。つまりここで注意すべきは、マルクスによれば、アリストテレスは価値概念が存在したにもかかわらず、それを認識する能力がなかったのではないのです。アリストテレスの時代の市民たちには、実際に、等価物を価値の

現象形式にしている価値概念が存在（実在）しなかったのです。ですから、交換はまさに「実際上の必要のための応急手段」だと認識することが、ある意味では正しかったのです。

　奴隷制が現代の価値観に照らして非人道的であることはいうまでもありませんが、ここではその問題を度外視して考えてみましょう。

　すると、アリストテレスが生きていた社会の人間たちは、人間の尊厳を具えた個性的な市民たちと尊厳や個性の捨象を余儀なくされている奴隷たちとに区別されており、現実的な労働もまた市民たちの個性の自己実現である自由な労働と奴隷たちの生きる手段としての強制労働とに区別されていたわけです。だからこそ、アリストテレスは商品交換を基礎づけている価値の実体を同等な労働だと考えることができなかったのです。

　すると、マルクスの皮肉がみえてくることでしょう。価値表現の謎が解かれる社会とは、奴隷が解放され、あらゆる人間や人間労働の同等性が民衆の先入見になる社会、それはかつての奴隷が人間になり、かつての奴隷労働が賃労働という形式をとるようになった社会、要するに、その社会に属しているほとんどの人間たちがかつての奴隷のような存在になった社会なのだというわけです。

8　単純な価値形式論の総括

　「この章のはじめに、普通の言い方で、商品は使用価値であるとともに交換価値である、と言ったが、これは厳密に言えばまちがいだった。商品は、使用価値または使用対象であるとともに「価値」なのである。商品は、その価値が商品の現物形式とは違った独特な現象形式、すなわち交換価値という現象形式をもつとき、そのあるがままのこのような二重物として現われるのであって、商品は、孤立的に考察されたのでは、この交換価値という形式を決してもたないのであり、つねにただ第二の異種の一商品にたいする価値関係または交換関係のなかでのみこの形式をもつのである。」（国115・岩111～112）

　この引用文からもわかると思いますが、商品は交換価値を「持つ」（但し、物ではなく、身体的言語として）のであって交換価値「である」わけではありません。そして、商品がなぜ交換価値を持つのかといえば、それは商品が単独

では自分の社会的概念（価値）の個性を表現する手段を持たないからです。すなわち、商品は価値という超感覚的な社会的本質ですから、それは交換価値という感覚的な現象形式を持たざるを得ないのです。

　ですから、交換価値としての商品（貨幣）は、自立的な存在ではありません。交換価値としての商品は、資本主義的生産様式に規定された価値としての商品の本質的な規定としてのみ、かりそめに存在しているにすぎないのです。ですから、資本主義的生産様式が消滅しますと、交換価値としての商品（貨幣）もまた消滅するのです。

　「われわれの分析が証明したように、商品の価値形式または価値表現は商品価値の本性から出てくるのであって、逆に価値や価値量がそれらの交換価値としての表現様式から出てくるのではない。」（国 116・岩 112）

　「商品価値の本性」とは、商品の社会（依存）的性格であり、私的労働の社会（依存）的性格のことです。だからこそ、商品は自分にとって不可欠であり、そうであるが故に自らが従属すべき社会的労働の現象形式を自分の物神として定立するのです。

　「重商主義者たちは価値表現の質的な面に、したがって貨幣をその完成形式とする商品の等価形式に重きをおいているが、これとは反対に、どんな価格ででも自分の商品を売りさばかなければならない近代の自由貿易行商人たちは相対的価値形式の量的な面に重きをおいている。」（国 116・岩 112）

　重商主義者たちはいわゆる守銭奴です。とすれば、彼らはどんな現象あるいは仮象に従っているのでしょうか。明白ですよね。貨幣の価値が貨幣の社会的自然属性であるという現象、あるいは貨幣の自然属性であるという仮象です。
　但し、価値が貨幣の自然属性ではないことくらいなら中学生でも知っていますから重商主義者とてそれを本気で信じている人は稀でしょう。しかし私たちの社会では実際に（経験上は）、価値が貨幣の自然属性として機能していることも知っているのです。したがって、貨幣が価値をもつことは多くの重商主義者にとっては経験則ということになります。私たちの社会では、習慣的に観察される経験的事実に基づいて価値を貨幣の自然属性として取扱っても何ら不都

合が生じないのです。ですから、重商主義者たちは貨幣が価値を属性として持つということを理解しているのではなく、経験則に基づいて単に信じているのです。

これに対し、商品の内在的価値の存在を完全に否定する人々が自由貿易行商人たちです。彼らは時々刻々と変化するチャートを見ながら安く買って高く売ることを生業とする相場師のような人々のことです。彼らはそのような経験に基づき、価値の大きさが売買時における駆引き、すなわち偶然によって決まると考えてしまっているのです。ですから、貨幣はもちろん商品に内在する価値も錯覚あるいはそもそも形容矛盾であって、そんなものは実在するはずはないという考え方になるわけです。つまり、価値は交換段階のその都度のだましあいの結果によって生まれるものと考えてしまっているのです。

しかし、この考え方も実務的な思考としては必ずしも誤っていません。株式チャートなどにおいて「聖杯」と呼ばれるような必然的法則を発見しようとする試みはたいてい失敗に終わります。しかし、この立場は経済学をおそらく社会心理学に解消してしまうことでしょう。プロスペクト理論や行動ファイナンス理論がその典型です。

「労働生産物は、どんな社会状態の中でも使用対象であるが、しかし労働生産物を商品にするのは、ただ、一つの歴史的に規定された発展段階、すなわち使用物の生産に支出された労働をその物の「対象的」な属性として、すなわちその物の価値として表わすような発展段階だけである。それゆえ、商品の単純な価値形式は同時に労働生産物の単純な商品形式だということになり、したがってまた商品形式の発展は価値形式の発展に一致するということになるのである。」（国 117・岩 113）

商品価値は商品の力や能力のような積極的なものではありません。商品が交換価値を持つということの意味は、商品が生まれながらに第二の身体を必要とし、それを人間や動物にとっての食物のように自己の外部に持たざるをえないということを意味しているのです。人間が食物に依存しているのは人間が自然に依存した存在だからです。同様に、商品が他の商品に依存しているのは、商品が社会に依存した存在だからです。

しかし以上のことはもちろん、マルクスや本書の読者にとって解明されたこ

とにすぎません。商品リンネル自身はまだ自分の正体や個性を知らないのです。単純な価値形式は、そのような商品リンネルのいわば自我の誕生とともに発生したものです。自我が芽生えた商品リンネルは、これから成長し、発展するのです。

　では、このような主体としての商品は、これからどのように発展していくのでしょうか。それがこれから論じられる価値形式の発展論なのですが、それは商品物神崇拝というまたしても驚くべき結果を導くのです。マルクス貨幣論の私たちをワクワクさせる探求はまだまだ終わりません。

第 10 章

価値形式の発展

1 リンネルの「自分探し」

これから価値形式の発展の考察へと進みます。ここでの考察対象は商品リンネルの「自分探し」です。つまりここでの「発展」とは価値としてのリンネル、すなわち価値概念によって規定されているリンネルが、自分を規定している価値概念の正体を知る過程を意味しているのです。もっとも、その過程の結果は皮肉にも、人間たちに対して、その概念の起源を覆い隠してしまうのですが。

さて、西洋近代哲学の考え方によりますと、自由とは「何でもできるが何をしたらいいのかわからない」というような状態のことではなく、自分がなすべきことや従うべき法則を知り、それに自覚的に従うことです。だからこそ商品価値の自由な現象形式が、かえって商品自らが自発的に従っている法則を暴露するのです（59頁注4の麻雀の例を参照）。ところで、このような自由概念を前提にしますと、人間は生まれながらには自由ではないことになります。生まれたばかりの人間は、自分が従うべき、あるいは従っている法則を知らないからです。その法則のうちの一つが、これから明らかにされる人間たちの現実的な本質です。「現実的な」というのは、ここでの本質が現在の社会的生産様式と不可分なものだからです。ですから、現実的な本質は真の本質とは異なります。この現実的な本質を知るための過程が、ここでの「自分探し」です。

すると鋭い方なら次のような衝撃的事実にも気づくかもしれません。この場合の自分の現実的な本質こそが「神」（神的な概念）であるということに。したがって、人間たちは自由になるためにむしろ「神」を必要としていたのであり、だからこそ人間たちは自ら「神」を産出していたのだということに。

というわけで、まだ生まれたばかりで「価値」という言葉さえ知らない商品である単純な価値形式における商品リンネルもまた、これから「自分探し」の旅に出発し、そのゴールにおいて、自らの「神」が資本主義社会であることを知ることになるのです。それでは、私たちもそのリンネルのバッドエンドが約束された旅に随行することにしましょう。

2 単純な価値形式の欠陥

「単純な価値形式、すなわち一連の諸変態を経てはじめて価格形式にまで成熟するこの萌芽形式の不十分さは、一見して明らかである。

ある一つの商品Bでの表現は、商品Aの価値をただ商品A自身の使用価値

から区別するだけであり、したがってまた、商品Aをそれ自身とは違ったな
んらかの一つの商品種類に対する交換関係のなかにおくだけであって、ほかの
すべての商品との商品Aの質的な同等性と量的な割合を表わすものではない。」
（国 117・岩 114）

　マルクスは単純な価値形式の不十分性として、それが或る商品の価値をその
商品自身の使用価値と区別するにすぎない点にあると指摘します。これはすで
に指摘された、単純な価値形式の等式を反転しても（単純な価値形式が含む逆
関係を考察しても）、それは元の形式と無関係な価値表現にすぎないことと同
じ意味です。つまり、リンネル価値の現象形式が上着だけですと、その上着を
いかに観察してもリンネルの価値の実質がわからないのです。
　或る商品の価値をその商品自身の使用価値から区別するとは、ある商品の価
値を、自分の外見（自分の容貌のような感覚的対象性）とは異なる「何か」で
あると表現することを意味しています。単純な価値形式の段階では、商品価値
が「その商品の外見とは異なるものである」というように否定的に表現されて
いるにすぎず、その積極的な内容が明らかにされていないのです。そこで商品
リンネルは自分がいったい誰なのかを知るための「自分探し」の旅に出ること
になるわけです。それは私たちの人生に喩えますと、様々な経験を積むという
ことです。私たちが学生時代に、とりあえず文系科目も理系科目もスポーツも
芸術も一通り体験させられるのは本来そのような趣旨だと考えられます。
　さて、リンネルが最初に上着で価値表現をしたのは偶然です。ですから、リ
ンネルの等価物商品は鉄や小麦であったとしてもまったくかまわないのです。
こうして、次に考察される「展開された価値形式」とは、或る商品の多数の単
純な価値表現の集合ということになります。

3　展開された価値形式の特質
　展開された価値形式は、リンネルの価値を茶やコーヒーや小麦その他無数の
商品の使用価値で表現する段階です。但し、それらの無数の使用価値はすべて、
リンネルが自分の価値概念に基づいて選んだ「商品」です。
　ここでは、単に複数なのではなく無数である点にも注意してください。価値
の現象形式が無数であるということは、その無数の現象形式を通じて自己を表
現している或る特殊な「本質」、「普遍的なもの」が存在していることを示して

いるからです。たとえば、「犯罪」や「果物」といった普遍的な概念の例示の数は有限個ではないはずです。つまり、例示が無数であるということからはそれらを自分自身の例示として産出している主体的な概念の存在が示されるのです。ここでの概念とはもちろん、リンネルの価値概念です。

　ですから、マルクスも指摘しているように、リンネルの交換価値が無数になったことで、商品の交換比率が商品価値の大きさから必然的に導かれるものであることが顕在化します。すでに考察しましたように、リンネルの価値量は生産段階で決まっており、無数の価値表現はすべてそのリンネル価値に基づく表現だからです。

4　ベーリと反正解志向

　マルクスによりますと、ベーリという名の当時の経済学者はこの展開された価値形式を根拠に価値概念の存在を否定したようです。しかし、正しくはベーリの思いこみとは逆で、ベーリはそもそも価値概念の存在に気づいていなかったからこそ、リンネルの無数で多様な諸交換価値をリンネル価値の現象形式としてではなく、自立的に存在している多数の商品価値（pA の属性としての価値）であると誤解してしまったのだと私には思われます。ベーリが価値概念の存在に気づかなかった原因は、いうまでもなく単純な価値形式の「回り道」に気づかなかったからです。「回り道」に気づかないと、リンネルの価値表現は、リンネルと上着との相互制約関係（主体と客体の関係）にみえてしまうため、上着がリンネル価値概念（主体）の一部であることに気づくことができなくなるからです。

　たとえば水の沸点を探るための化学の実験を例に考えてみましょう。いろいろな場所や日時において 10 回実験したとしますと、実験した場所の標高やその日の天候（気圧）あるいは温度計の精度などの影響のおかげでおそらく 10 種類の異なる実験結果が生じることでしょう。近代以降の化学者であれば、その 10 種類の結果は水の沸点という「一つの同じもの」を表現する現象形式として認識します。なぜなら、彼らにとって水に沸点（水の概念）があることは前提されており、すべての実験結果はその表現様式にすぎないからです。しかし、ただ経験に引きずり回されているような人にとっては、水は 10 種類、いやそれ以上の無数の沸点を持つと結論することでしょう。こうして、この立場は水には沸点はない、水は毎回異なる温度で沸騰するという結論を導くわけで

すが、それは水の概念を否定することですから、「そもそも水なるものは存在しない」と言っているのと同じです。つまりこの立場は、すべての実験結果をその誤差に基づいてすべて「オンリーワン」だとみなしてしまうのですが、その結果はむしろ真の個性や主体の否定を導くのです。

　人間を例にして考えるともっとわかりやすいと思います。或る投手がいて、10球投げて球速を計ったとしましょう。それらの球速はすべて異なり、たとえば160km～162kmだったとしましょう。この場合、実体や概念や主体の存在を認める立場なら、その10球の結果はすべてその或る投手の能力の現象形式だと認識します。すなわち、10球の結果を手がかりに、この投手は今後無限に（もちろん、人間ですから年齢的な限界はありますが、少なくともこの10球に限らず、今後数年間にわたり）豪速球を投げる投手だと規定します。しかし、ベーリのような立場ですと、その10球はすべてその都度別々の主体が投げた結果だと把握されてしまい、その結果、豪速球投手という主体の存在そのものが否定されるのです。

　単純な価値形式の考察によってすでに明らかにされましたように、交換価値は或る商品の価値の現象形式です。ですから、リンネルの無数の諸交換価値はリンネル価値の多様な表現様式にすぎません。ですから、後述するように、これらの諸交換価値の等式を反転すれば、リンネルの価値の正体が認識可能になるのです。

　ところで、ベーリのような考え方は、最近の日本の教育現場で時々耳にする「反正解志向」と同じです。よく耳にする簡潔な表現を使いますと「正解はない」という考え方です。私は前著『法解釈の正解』でこのような立場を批判したのですが、それはその立場が概念的思考、すなわち学問的探求の放棄を意味すると同時に、真の個性や主体の認識を不可能にしてしまうからです。

　もちろん、もしも「反正解志向」が「正解がないのだから不正解もない」という立場ならそれは論理的にはありえると思われます。たとえば、食物や異性に対する好みや趣味は人それぞれであって、そこには正解も不正解もありません。しかし、教育の現場で言われる「反正解志向」とは通常、「正解はないが，明らかな不正解はある」という立場なのです。すると、そのような「反正解志向」はごまかしです。明らかな不正解があるのであれば、正解も規定できなければならないからです。たとえば、リンネルは多様な商品で自己の価値を表現しています。しかし、商品以外の物では自己を表現しません。つまり、リンネ

ル価値にとっての自己の本質（正解）は商品という類の範囲内でさえあればどんな種であっても正解ですが、商品以外のものは明らかな不正解なのです。

　ところで、反正解志向支持者たちには、彼らが認める複数の正解を個性の現われだと認識している人々が多いようです。すなわち、「正解がない」という考え方は、彼らにとっての「個性の尊重」を意味しているのです。だとしますと、そのような反正解志向支持者にとっての「個性」とは、一定の類の範囲内における種差にすぎないものを意味していることになります。つまり、個性を類からの誤差のような小さなものとして考えているのです。だからこそ、反正解志向支持者は小さな個性に対しては寛容なのですが、大きく逸脱した個性は「明らかな間違い」と称して排除するのです。

　ですから、反正解志向の正体は個性や主体性抑圧に賛同する画一主義です。それは「個性とは類からの誤差であり、誤差を逸脱する個性は悪あるいは敵である」という考え方だからです。もっと言いますと、反正解志向は「個性」という言葉を用いつつも、実際にはそれらを「誤差」や「不純物」のようなネガティブなイメージで捉えているのです。言換えますと、反正解志向は「個性」を人間の不完全性の証であるかのように考えているのです。

　以上のことからわかるように、反正解志向は結局のところ、一方で多数の正解例を概念的に関連づけることなく無批判的に肯定し、他方で強烈な個性を排除するような考え方ですから、一方で法の支配の原理や概念的思考を放棄し、他方で真の個人の尊重を否定する立場だといわざるをえません。ですからこのような考え方が学校教育や司法研修所で採用されることが、私には容認しがたかったのです。

5　展開された価値形式の欠陥

　展開された価値形式とは哲学における経験論の段階です。ですから、この価値形式の欠陥も経験論段階において現われる欠陥と本質的には同じです。

　第一に、この表現が永遠に完結しないという欠陥を持つことは容易に理解できますよね。経験的事実に基づく証明あるいは表現（法律の世界では「例示列挙」と呼びます）も同じです。ちなみにデカルトは、こうした経験の旅をいつまでも続けていたらキリがないということで、ついにある段階で『方法序説』の執筆に踏み切ったのでしょう。

　第二に、マルクスによればバラバラで雑多な価値表現のモザイクである点が

欠陥だとされます。そういえばマルクスは価値実体論でこの価値表現を取扱った際にも、黒い靴墨と白い絹と黄金という色にこだわっていたように思えます。マルクスにとって、この形式は多彩な色を連想させるものなのかもしれません。あるいは、ヘーゲルのシェリング批判の言葉である「すべての牛が黒くなる闇夜」を意識していたのかもしれません。つまり、この形式（多数の例示で概念の内容を規定する方法を思い浮かべてください）は自然素材を一切含まない概念の闇とは異なり、色とりどりであるというメリットはありますが、モザイクのように或る色と他の色との間にスカスカな隙間が存在しますから、相対的価値の全体を表現していないのです。たとえば、「犯罪とは、殺人や傷害や放火や器物損壊や名誉毀損や　……　のようなものです」という説明がまさにそうですよね。これが次の段階の一般的価値形式に発展しますと、「犯罪とは法益侵害行為である」という単純で統一的な表現になるのです。

　この第二の欠陥も経験的認識の欠陥と同じです。私たちは世界中のすべて出来事を経験することなんてできません。つまり、どんな経験も断片的であって、経験的認識とは結局のところ隙間だらけの断片知の集合にすぎないものなのです。

　第三に、各々の商品の相対的価値がこの形式で表現されるなら、どの商品の価値表現も相互に異なった価値表現になるという点が指摘されています。つまり、リンネルにしか通用しない商品語による価値表現だった単純な価値形式と同様の欠陥です。

　これらの欠陥は等価形式にも反映し、第四に個々の商品種類の商品体が無数の他の特殊的等価形式と並んで一つの特殊的等価形式なのだから、「およそただそれぞれが互いに排除しあう制限された等価形式があるだけ」（国 121・岩 118）であることが指摘されます。難解な説明方法ですが、これはデカルト的懐疑の段階のことだと私は考えます。すなわち、すべての等価物が特殊的なものですから、そのままの状態ではリンネルの自我（価値）を純粋に表現していません。すべては互いを排除し、制限された不完全な等価形式の集合です。ですから、このような真理表現はどれも疑わしいものということになります。そこで、デカルトはそれらすべてをいったんは否定し、それらの中に純粋な「我」（自分自身）を発見しようと考えたのです。なお、それぞれの特殊的等価物に含まれている特定の具体的な有用労働種類も、ただ、人間労働の特殊な、尽きるところのない現象形式でしかないというマルクスが挙げた第五の欠陥も、第

四の欠陥の生産労働への反映にすぎません。

6　展開された価値形式から一般的価値形式へ

　単純な価値形式ではリンネルの価値が最初に偶然に出会った唯一の商品の使用価値上着で表現されました。その段階の商品リンネルは、上着による価値表現を事実上強制されています。上着以外の商品が存在しないからです。それはまだ哲学しか知らない若きデカルトにとっての哲学と同じです。

　たとえば、あなたがあるクラスに一人しかいない女性だったとしましょう。そんなあなたがそのクラスの或る男性から「僕には君しかいないんだ」と告白されたとしましょう。その場合、彼があなたに告白したほんとうの理由はわかるでしょうか。

　その後、たくさんの女性がそのクラスに入ってきたとしましょう。その場合の彼の行動には以下の三種類が想定されます。①彼はそれらの女性に一切興味を持たなかった。②彼は、それらの女性の一部にも同様に告白した。③彼はそれらの女性全員に告白した。ちなみに、リンネル価値は③のケースです。

　①の場合、彼はかけがえのないあなた個人のことが好きだった可能性が高いでしょう。②の場合、彼はあなたが自分のタイプの女性だった可能性が高いでしょう。ですから、同じタイプの他の女性にも告白したわけです。彼が好きなタイプ、すなわち、彼の本質は彼が告白した女性に共通するタイプから導くことができることでしょう。③の場合、彼はあなたが女性だったから告白した可能性が高いでしょう。最初の「僕には君しかいないんだ」の意味は、「クラスに女性が君しかいなかったから、仕方なく君に告白したのだ」あるいは「君が女性だったからというただそれだけの理由で告白したのだ」という意味だったわけです。リンネル価値の本性もこの③の場合の男性のそれと同じです。

　なお、いうまでもなく女性の側の承諾は不要です。女性が承諾するかどうかは、その男性から独立した女性の自由意思や好みにかかっていますから、その男性の本質にとっては偶然的です。繰返しますが、本質はその現象形式において認識されるのです。ですから、彼が実際に付き合うことができた女性ではなく、彼が告白した女性が彼の本質を表現しているのです。

　さて、この段階の価値表現の哲学的欠陥には、単純な価値形式の欠陥と同じものが含まれています。価値概念の内実が明らかにならないという点です。では、単純な価値形式段階からまったく進展がなかったのかといいますと、そう

ではありません。予兆や疑いや期待や迷いが生じるはずだからです。たとえば、160㎞の投球をフロックで行うことは不可能でしょう。この場合なら、数球の観察で次の一般的価値形式に発展しそうです。しかし、麻雀等の場合なら、しばらく勝ち続けるようになったからといって、実力がついたのかどうかは判断できません。科学の実験もきっとそうでしょう。1回や2回の成功では、まだ疑わしいことでしょう。再現可能性が確実になった段階で、次の段階へと進むのです。

　というわけで、この段階は期待と不安の段階なのですが、それが乗り越えられますと次の段階へと進みます。それが価値等式の反転です。これまでの多様な経験結果を踏まえて、その主体は自分自身の発見に成功するのですが、それが一般的価値形式です。

　リンネル価値の現象形式（交換価値）は、リンネル価値の鏡です。マルクスは次に、リンネルの多様な諸交換価値たちに、さらに鏡を定立させるのです。それはリンネル価値にとっての鏡の鏡（ヘーゲルなら「自己還帰」と呼びます）ですから、そこにこそリンネル価値のあるがままの正体が映し出されるのです。

第 11 章
一般的価値形式（貨幣形式）の哲学

1 はじめに

展開された価値形式において商品リンネルはデカルト的懐疑の段階にまで到達しました。リンネルがこれまで出会ったあらゆる他の商品の使用価値（経験的事実）は、リンネルの価値表現にとって不完全なものでした。ですから、リンネルはそれらをいったん全部否定します。すなわちリンネルはあらゆる他の商品の使用価値を捨象し、それらをすべて自分の価値の現象形式としてしか認識しないことにするのです。そのようなリンネルにとっての諸商品の使用価値は、価値という不可視な直線を可視化するためにだけ存在しているわずかな偏り[1]や反正解志向支持者が尊重する「誤差」にすぎない「個性」です。しかし、誤差は不純物です。ですから捨象されねばなりません。

また、展開された価値形式の実際上の不都合は、それが単純な価値形式同様の私的な形式であるが故に、すべての商品がこの立場で価値表現をしますと、諸商品間で言葉が通じないため、相互に関係しあうことができないというものです。

これらの欠陥を一挙に解決する形式が一般的価値形式です。それでは、一般的価値形式の考察へと進みましょう。

2 リンネルの価値表現の発展としての一般的価値形式

マルクスは次のように言います。

「とはいえ、展開された相対的価値形式は、単純な相対的価値表現すなわち第一の形式の諸等式の総計から成っているにすぎない。　……　しかし、これらの等式は、それぞれ、逆にすればまた次のような同じ意味の等式をも含んでいる。　……　そこで、　……　列を逆にすれば、すなわち、事実上すでにこの列に含まれている逆関係を言い表してみれば、次のような形式が与えられる。」[1]（国 122 〜 123・岩 118 〜 119）

まさにコロンブスの卵ですね。マルクスはここで、カントが『純粋理性批判』の第 2 版序文でコペルニクス的転回を説明したときのように、展開された価値形式の等式を反転させるだけでまことに都合のよい結果が得られるかのように説明します。ですから、ここで注意すべきは、この反転がカントのコペルニクス的転回と同様、マルクスによる発見だということです。つまり、マルクスが

思いついて行ったことではなく、私たちがこれまで無意識に行っていたことを
マルクスが発見したものなのです。ですから、私たちの多くはこの一般的価値
形式をリンネルの価値表現だと認識できないのです。

　すなわち、等式を反転させますとその価値形式はリンネル以外の他の全商品
の価値表現になってしまいます。しかし、一般的価値形式はリンネルの価値形
式の発展（自分探しの進展）です。そこで、ここではまずそのような観点から
考察しましょう。

3　一般的価値形式と社会科学の起源

　ここで再び実践的法解釈のロジックの考察を思い出してみましょう。すると、
この価値形式における商品リンネルは、有能な裁判官の立場に到達したのだと
いうことに気づくことでしょう。

　裁判官は法解釈に当たって独善的な自己立法をします。にもかかわらず、有
能な裁判官の法解釈が一般に現実性を持つのはなぜだったでしょうか。それは、
有能な裁判官が自己の立場を社会一般の規範意識の立場に置くからでした。つ
まり、私たちの社会の有能な裁判官は、その裁判官にとっての「全人類」の立
場（「普遍的な類の立場」と誤認された「私たちの特殊な社会の立場」）を的確
に把握し、それに基づいて自己立法することによって、自己の法解釈に普遍的
自己立法（科学）という性格を付与していたのです。しかし、この「類的本質」
は、すでにみたように私たちの社会的生産様式の産物ですから、結局のところ、
特殊な社会的本質なのですが。

　ところで商品の場合であれば、それは人間たちが作り出した物（物象）です
から何らかの類的本質が存在するとしても不思議ではありません。では、人類
には類的本質が存在するのでしょうか。

　普通に考えますと、神の存在を前提しない自由で個性的な人間同士の関係に
おいては、本来、「全人類の立場」のような類的本質は、自然的本質を除いて
存在しないはずです。にもかかわらず、経済学が社会科学であることを標榜す
る経済学者には、社会的な「全人類の立場」が存在しているかのように考える
傾向が強いのです。それどころか個人の尊重を標榜すべき法学者においてさえ、

---

1)　このような世界観を古代に展開した哲学者がエピクロスで、マルクスはそのエピクロスの思想を学
　位論文で扱っています。なお、このような「偏り」とは幾何学者たちや学生たちが定規等を用いて
　描いた多様な直線に含まれる差異のようなもののことです。

画一的な社会一般の規範意識なるものの存在を当然視し、それを法解釈の究極の根拠だと考える人々が多いことは、実質的犯罪論が法曹実務の一般的傾向であることからも明らかです。

　ですから、私たちの社会の社会科学者たちのほとんどは有神論者なのですが、その場合の神は人間的な概念ではなく、（社会的な）類的本質という物神なのです。しかも、彼らの多くはそのことを不可解さや恥と感じるどころか誇りにさえ感じているのです。そういえば、経済学が社会科学であることの根拠を「全人類の立場」に求めた有名な学者さんもいらっしゃったような記憶があります。

　しかし、そのような社会科学は人間をミツバチのような生物だと仮定しているのです。言い換えますと、人間を社会的動物とみなしているのです。しかしここで注目すべき点は、そのことが必ずしも現実に反しているわけではないという点です。この不可解な事実は現実にある程度合致しているのです。

　その原因はもちろん、それが私たちの社会の本質の現象形式（saA）だからです。しかし、現象形式は仮象を生み出します。その結果、多くの人々にとって類的本質が人間たちに生まれながらに具わる本性のようにみえてしまうのです。ですから社会科学者にはエゴや性悪説を個人としての人間の本性だと考える人々が多いのです。また、個性を誤差や不純物のようなものと考え、人間の不完全性の証と考えるような思想もこの仮象が生み出すものだと思われます。逆にいいますと、この仮象は「人類は一つ」や全体主義の正当性を基礎づけてしまうのです。

　ですからマルクスは社会科学としての経済学が間違いだと言っているのではありません。経済学は、私たちの社会においては社会科学にならざるをえないと言っているのです。マルクスはそうなってしまう仕組を明らかにすることにより、経済学が社会科学であること（人間たちが客観的な科学の対象になっていること）が超歴史的な真実ではないこと、したがって、経済学が人間の本質として前提する人間たちのエゴなるものが人間の自然的本性ではないということ、さらにいえば、私たちはまだほんとうの「人間」を知ってはいないのだということを明らかにしているのです。

　では、経済学が社会科学にならざるをえなくなる理由とは何でしょうか。それはマルクスによれば、現代の私たちが採用している独特の社会的生産様式です。つまり、資本主義的生産様式が、私たちの「神」を人間的な概念ではなく価値の実体にしてしまうがゆえに、本来は自由で個性的な人間たちが動物のよ

うに画一化され、経済学を現実的で有効なものにしているのです[2]。ですから、「全人類の立場」が存在するかのように考えている人は、現代社会が生み出している全人類の画一性や人間たちの物象化（saA）を超歴史的な人間の自然的本質（pA）と取り違えているのです。

4 類的本質と人間の尊厳そしてプライバシー権

　動物は類的本質を超えることがほとんどできません。犬や猫もそうですが、ミツバチならなおさらです。類的本質に束縛されるということは個が存在しないということを意味します。ミツバチには個性がありません。すべての働きバチはほとんどまったく同じ生涯を送ります。犬や猫なら多少の個性はあるかもしれませんが、犬や猫としての類的本質を大きく逸脱する個体、言換えますと歴史に残るような生涯を送る個体は存在しません。しかし人間たちは本来、二人として類似した生涯を送りません。たしかに、人間も自然的な類的本質には制約されますから、どんなに個性的な人や偉人でも飯は食うし、トイレにも行くといった点では画一的です。しかし人間は動物と異なり、それらの類的本質でさえ対象化し、ある程度までは人間的にコントロールするのです。人間のこうした特性こそが「人間の尊厳」と呼ばれるものです。ですから、現代社会の人間たちにとっての神や正義の理念が類的本質になってしまっているとしますと、それは現代の私たち自身が人間の尊厳を失っており、動物的になっているということを意味するのです。

　もちろん、私たちは常に全面的に社会に規定されているわけではありません。私たちには私的領域（プライバシー）があるからです。ですから、マルクスが明らかにしたことは、私たちが社会に規定されて行動する限りにおいて、すなわち、私たちが公的・社会的領域で生活する限りにおいて、私たちは人間の尊厳を犠牲にし、動物化せざるをえないのだという事実です。これは古代ギリシアとは正反対な状況です。ソクラテスやプラトンやアリストテレスが活躍した古代ギリシアでは、生きていくための労働から解放された市民としての生活領

---

2) たとえば、アレントは「経済学が科学的性格を帯びるようになったのは、ようやく人間が社会的存在となり、一致して、一定の行動パターンに従い、そのため、規則を守らない人たちが非社会的あるいは異常とみなされるようになってからである。」（ハンナ・アレント著『人間の条件』ちくま学芸文庫 65 ~ 66 頁）と述べています。つまり、経済学や統計学が発展したから私たちが経済法則を認識できるようになったのではないのです。私たちが社会化され、自発的に一定の法則に従って行動するようになったからこそ、経済学や統計学が発展し、社会科学が生まれたのです。

域である公的領域こそが人間の尊厳が実現される領域だったのです。しかし、現代では公的領域が類的本質に支配される動物的な領域になり、プライバシー領域こそが人間の尊厳が実現される領域になっているのです[3]。そうすると、法律家なら気づくのではないでしょうか。このような事実こそがプライバシー権や思想良心の自由の、すなわち現代憲法において非常に高い価値があるものとして認められている精神的自由権の発生理由であるということに。つまり、私たちの法的諸関係が経済的下部構造によって支配されている特殊的なものであって、決して普遍的真理ではないということに。

　そう、マルクスが一般的価値形式の考察によって明らかにしたことは、人権尊重派の法律家や憲法学者の背筋を凍りつかせるような事柄でもあるのです。

5　個と普遍の対立と個人の尊厳

　一般的価値形式を構成する等式の右辺の商品、マルクスの例における 20 エレのリンネルという一般的等価物は本質的には貨幣です。現代の私たちがよく知る貨幣とはこのリンネルが、人間たちの文化や慣習等に基づいて金になり、紙幣になり、電子マネーになった場合なのですが、このような一般的等価物から貨幣への移行は、商品の貨幣形式にとっては非本質的な事柄だからです。すなわち、価値形式の発展としてはこの一般的価値形式がゴールです。ここから先は人間たちの出番であって、『資本論』では主に第 2 章の交換過程論で考察されるのです。

　さて、ここで重要なことは、このような一般的価値形式では、展開された価値形式の等式が反転されてしまうことで、これまでの価値形式の発展の履歴が外観上消失してしまう点です。すなわち、一般的価値形式はリンネルの価値表現の発展ではなく、自立的に存在しているリンネル以外の自由な全商品による価値表現にみえてしまうのです。

　すると、この仮象はさらにどんな仮象を生み出すことになるでしょうか。「回り道」が仮象を生み出す仕組のことを思い出せばわかるはずです。まず、リンネルの貨幣性が、リンネルの自然属性であるかのような仮象を生み出します。この点は単純な価値形式の場合と同じです。しかし、こうした仮象を現象と取り違える人はほとんどいません。しかしその結果、リンネルの貨幣性が商品世界（全商品）による外的な解釈であるという取り違えを生み出すのです。要するに、リンネルの貨幣性が「みんなの意見」の結果にみえるようになるのです。

こうして、一般的価値形式は個と普遍の対立関係を生み出します。

　ここで注意すべきは、この場合の「みんな」とは社会のような客観的性格を具えた人々のことではありません。一般的価値形式を一般的等価物の外的な解釈（主観 - 客観関係）と考える場合、一般的等価物の社会的性格は一般的等価物の属性と、様々な解釈者各自の主観との関係に由来することになるからです。ですから、この場合の「みんな」とは非社会的で自律的な個の集合ということになります。その結果、貨幣の価値は人間たちの共同幻想や想像の産物であるという思想が生み出されることになり、貨幣は資本主義的生産様式とは無関係な産物ということになってしまうわけです。

　しかし正しくは、このような「個」あるいは「個人」はもともとリンネルの展開された価値形式に由来するものですから、真に自由な主体ではなく、それらを規定している社会的本質の範囲内の誤差としての「個性」だけしか持たない尊厳を欠いた個です。一般的価値形式はこのように、いわば「公共の福祉」（憲法13条）の範囲内でのみ人権を保障されているような制限された個を、人間の尊厳を具えた自由な個であるかのようにみせかけるのです。ですから憲法学の通説は、私たちの社会に生きる個人は生まれながらに尊厳を持つ自由な主体であるかのように描きます。つまり、私たちの社会には、実際には社会の飼犬のような存在でしかない「個」を、自由に野原を駆け回ることができる主体的な「個」にみせかけるような仕組が存在していたのです。その結果、現代社会に属している私たちは、<u>私たちはちっとも自由ではないことに気づくことさえできなくなる</u>のです。

　「リンネルと等しいものとして、どの商品の価値も、いまではその商品自身の使用価値から区別されるだけではなく、いっさいの使用価値から区別され、まさにそのことによって、その商品とすべての商品とに共通なものとして表現されるのである。それだからこそ、この形式がはじめて現実に諸商品を互いに価値として関係させるのであり、言いかえれば諸商品を互いに交換価値として現われさせるのである。」（国 126・岩 122）

　単純な価値形式及び展開された価値形式における或る商品の価値表現はその

3）この点について興味がある方は、前注で引用したアレントの『人間の条件』を参照して下さい。

商品の私的な価値表現（私的言語）ですから、それらによって商品同士が相互に価値として、すなわち同じ本質を持つものとして関係できませんでした。

　しかし、一般的価値形式では、すべての商品の価値表現が同じ形式（公用言語）をとりますから、どの商品の価値も、それらの使用価値、すなわち「見かけ」とは区別された共通な本質を持つものとして表現されます。その結果、すべての商品は価値の一例示、すなわち交換価値として現象しあうことになるのですが、そのことはすなわち、すべての商品を支配している同じ本質が存在しているということを意味します。ですから或る商品にとっての「ほんとうの自分」は、私たちの社会では、他の商品にとっての「ほんとうの自分」と同じもので、すべての商品にとってのアイデンティティだったということがここで明らかになるわけです。

　「このようにして、商品価値に対象化されている労働は、現実の労働のすべての具体的形式と有用的属性とが捨象されている労働として、消極的に表わされているだけではない。この労働自身の積極的な性質がはっきりと現われてくる。この労働は、いっさいの現実の労働がそれらの共通な人間労働という性格に、人間労働力の支出に還元されたものである。」（国126〜127・岩123）

　商品論第2節で価値形成実体を知る私たちは、価値概念が人間労働一般であることをすでに知っていましたが、商品（商品所持者＝人間たちではない点に注意）はこの段階に至ることで、それを知るわけです。つまり、商品は展開された価値形式を経ることによって、自己の社会的本質が自分たちすべてに共通で普遍的な類的本質、すなわち人間労働一般であるということを自覚するのです。

　というわけで、商品価値の本質は諸商品に含まれている諸労働の普遍性という特殊的なものだったのです。なぜなら、ここでの普遍とは真の普遍ではなく、どんな特殊な（たとえば卓越した）人間労働でもないという意味で限定された、特殊にすぎないような普遍だからです。

　しかし、すでに注意しましたように、多くの人々はこの形式が単純な価値形式に由来していることに気づきません。つまり、貨幣を自由な諸個人の合意の産物だと認識してしまいます。すると、貨幣は自由な人間たちを結合する普遍的な正義や愛の絆のようなものとして認識されてしまうことになるのです。ア

ダム・スミスの「神の見えざる手」や、フォイエルバッハの愛の概念も、おそらくはこのような誤解に基づくものです。マルクスは、そのような思想が誤りであることをここで暴露したのです。

6　アンサンブルと楽譜

以上で解明された私たちの社会において顕在化する商品あるいは物象化した人間たちの「類的本質」とは、音楽に喩えますと楽譜のことです。それは人格的な指揮者ではありません。合奏における単に「共通なもの」です。あるいは、その「共通なもの」に機械的に従う演奏を楽団員に強制するような非人間的指揮者です。

マルクスはこのような資本主義社会観をずいぶん若い頃から持っていたように思われます。その証拠は「フォイエルバッハに関する11のテーゼ」などと呼ばれているメモ書きの存在です。これは『資本論』が出版される20年以上も前に書かれたものとされています。

その第5テーゼにおいてマルクスは、フォイエルバッハにおける「人間の本質」、すなわち資本主義社会の人間の社会的本質のことを「社会的諸関係のアンサンブル」と表現しているのです。

アンサンブルとは指揮者がいない合奏のことです。現代ではジャムセッションが、その最も小規模なものです。それは数人のミュージシャンによる即興での合奏で、そこには指揮者はもちろん楽譜も存在しないのです。では、そのような演奏はどのようにして成立するのでしょうか。

私はもちろんミュージシャンではありませんので詳しくは知らないのですが、そのような状況では誰かがまず演奏をはじめ、そのリズムやコードに他の演奏者が合わせながら、徐々に音楽ができあがっていくのではないかと思われます。たとえば、サックスとピアノのセッションの場合、最初はどちらかの奏者が他方に合わせます。もし、ピアノがサックスに合わせるのなら、ピアノにとってはサックスが等価形式（指揮者）です。途中から関係が反転する場合もあることでしょう。その場合には、単純な価値形式の反転ですから、音楽の本質も大きく変化することでしょう。

私もこのようなセッションを時々聴きますが、一流のミュージシャン同士のセッションはとても魅力的です。演奏者が相互に相手の個性や力量を認識し、尊重し、生かしあうことによって、演奏が進むにつれて音楽の豊かさがどんど

んと広がっていくのです。そのような演奏では、楽譜や指揮者はむしろ邪魔物なのかもしれません。

　社会的分業の場合も同じです。その範囲が数人の家族や数十人くらいの共同体であれば、各メンバーの個性や力量、さらには生産物の需要動向も見通せますから指揮者はいりません。皆がお互いの能力や個性を確認し、尊重しあいながら、アドリブ的に生産を拡大していくことによってもきっと十分に幸せな社会を作れると思います。では、その状態から人口が増え、生産技術が発展し、需要供給の規模も拡大した場合はどうでしょうか。

　たとえば、ブルックナーやマーラーの交響曲を指揮者なしで演奏できるでしょうか。おそらく不可能でしょう。にもかかわらずやろうとすれば、全員が楽譜にただただ忠実に演奏するしかありません。この場合の楽譜が一般的等価物です。

　ちなみにそのような演奏は、クラッシック音楽ファンにとっては聴くに堪えないつまらない演奏になることは間違いないことでしょう。個性を捨てたメンバーたちがただ楽譜に忠実に演奏するか、強引なメンバーが他のメンバーたちに対し自己に従うことを強要するようなアンサンブルになってしまうからです。後者の場合には、何度も途中崩壊する演奏になることでしょう。

　さて、以上でマルクス価値形式論の重要部分の解説は終了です。マルクスはこの後、貨幣形式への移行（発展ではありません）についても論じていますが、それはマルクスが商品論第３節の冒頭で貨幣の創世記を解明すると宣言してしまった手前、商品論第１章に含めたものにすぎないものと思われます。ともあれ、貨幣の素材を金や銀にするのか、紙幣や電子マネーにするのか等については、科学的必然性はありません。それは、人間たちが慣習や心理や文化や技術の発展段階等に基づいて自己決定するものにすぎないからです。

第 12 章

商品物神崇拝論

1　はじめに

『資本論』第1章第4節のいわゆる商品物神崇拝論の考察へと進みます。この節で解明される事柄は主として、これまでの価値形式の考察が明らかにした商品（物象）と商品（物象）との社会関係の秘密の暴露（タネ明かし）と、価値形式の完成形式、すなわち一般的価値形式や貨幣形式が人間たちに対してどのような認識を生み出すのかということです。貨幣物神崇拝が発生する仕組はすでに単純な価値形式の等価形式論で解明されています。これから論じられる商品物神崇拝論は主に、一般的価値形式（貨幣形式）の「回り道」が私的労働の社会的性格を物的に覆い隠すことによって発生する仮象です。

2　商品形式の秘密

マルクスはこの節の冒頭で、かなり大げさではないかとさえ思われるような珍妙な前置きをしています。価値形式、とりわけ一般的価値形式は、実は、フォイエルバッハの『キリスト教の本質』における愛の概念の社会的現実的な基礎です。ですから、そこに神学的、形而上学的な小理屈が含まれているといわれればそのとおりです。ただ、「机が勝手に踊りだす以上の奇怪な妄想」（国133・岩130）などというような比喩はいったい何のことを指しているのでしょうか。

「机が勝手に踊りだす」といえば、私の世代にとっては映画『エクソシスト』や『ポルターガイスト』の一シーンが思い出されます。それらのスクリーンに映っているシーンはあまりに荒唐無稽なものです。では、それらは仮象でしょうか。

もちろんそうではありません。それらは特撮の結果（科学的事実）です。もちろん、これらのシーンをタネも仕掛けもないものだと考えるなら明らかな仮象です。しかし、そんなことは中学生でさえ信じないレベルの仮象です。但し、そのタネや仕掛けや特撮の方法は通常、映画のスクリーンだけをいかに凝視しても発見できないのですが。

「だから、商品形式の秘密はただ単に次のことのうちにあるわけである。すなわち、商品形式は人間にたいして人間自身の労働の社会的性格を諸労働生産物そのものの対象的性格として反映させ、これらの諸物の社会的自然属性として反映させ、したがってまた、総労働にたいする生産者たちの社会的諸関係をも彼らの外に実在している諸対象の社会的関係として反映させるということで

ある。このような置き換えによって、労働生産物は商品になり、感覚的であると同時に超感覚的である物、または社会的な物になるのである。」（国134・岩131）

　以上の引用からもわかると思いますが、マルクスが「机が勝手に踊りだす以上の奇怪な妄想」と表現した事実は、要するに、「物が社会的自然属性を持ち、物と物とが社会的関係を結ぶ」という事実です。ですからマルクスはここで、そのような「特撮シーン」のタネ明かしをしているのです。ところで、一般的には映画の特撮技術や超一流の手品のタネなどは「秘密」にされます。おそらくそれと同様な観点から、マルクスはここで「秘密」という言葉を使っているのだと思われます。
　価値表現に含まれる「回り道」の発見は、商品の等価形式や貨幣形式が商品の自然属性（pA）に基づくものではなく、相対的価値形式にある商品が規定されている価値概念の現象形式（sa）、すなわち、私的労働の社会的性格に由来する対象であることを明らかにしました。だからこそ、一般的価値形式は総労働に対する生産者たちの社会的諸関係を個と普遍の対立として表現したのです。
　私たちの社会の生産は私的労働に基づく社会的分業によって行われています。ですから、私的労働は最初から交換目的に規定された労働であって、社会的分業の一分肢です。つまり、最初から社会的性格を具えているのです。しかし、この私的労働の社会的性格は、生産者同士が社会的に関係しない生産段階では現われることができません。その結果、それは労働生産物の交換の場面で、すなわち価値表現の段階において、私的生産者たちの外に実在している「諸対象の」社会的関係として現われることになるのです。ここで「諸物の」ではなく「諸対象の」とマルクスが述べているのは、一般的価値形式における相対的価値形式にある諸商品、すなわち以前の例におけるリンネル以外の全商品は、もともとリンネルによって産出された対象としての商品（物象）だったからなのではないかと私は考えています。
　それはさておき、感覚的な物にすぎない労働生産物が、私的生産者たちの意識の外で勝手に社会関係を結ぶという奇怪な現象には、このようなタネと仕掛けがあったのです。ですから、価値形式論が明らかにした商品（物象）と商品（物象）との社会関係は、それがいかに奇怪なものであっても、私たちの社会的生産様式に基礎づけられた現象（科学的必然的結果）なのであって、仮象ではな

いのです。

3　一般的価値形式が生み出す物神

　本質的には貨幣形式と同じ一般的価値形式論で明らかにされたように、私たちにとって貨幣や法律（公共の福祉）として現象する物神は私たちの他者や、ましてや仮象ではなく、社会に規定されている私たち自身の現実の本質です。つまり、私たちは物神という想像上の怪物によって支配されているのではないのです。物神は、私たち自身の現実的な社会的良心、私たちに内在する神、つまり私たち自身が実際に自発的に忠誠を誓い、自らの心の奥底に作り出している監視塔（パノプティコン）の外化なのです。

　「パノプティコン」とはベンサムという功利主義思想家が考案した収容所システムの仕組のことで、それは円形に配置された収容者の個室の中心に一つの監視塔があって、その監視塔からはすべての収容者の様子を監視できるものなのですが、収容者側からは監視者（看守）はもちろん他の収容者の様子もわからないような仕組です。

　さて、ここで有名なクイズを出します。このような監視システムの刑務所には最低限何人の看守が必要でしょうか。正解はゼロです。なぜなら、このような関係においては看守がまったく存在しなくても収容者たち自身が幻影としての看守を自らの心の中に生み出すからです。マルクスが暴露した物神は、物と物との関係が生み出すこのような幻影的主体（非人間的指揮者）なのです。

　但し、パノプティコンの場合、看守が実際にいなければ、収容者たちが思い浮かべる看守はまさに幻影（仮象）です。しかし、私たちの社会の看守は「社会的生産様式の所産」として実在（現象）しているのです。もっとも、ニーチェにいわせますと、そのような「神」はすでに死んでいるということになります。どちらが正しいのかは難しいところです。

　ともあれ、以上のことを踏まえて、マルクスは以下のように述べます。

　「ここで人間にとって諸物の関係という幻影的な形式をとるものは、ただ人間自身の特定の社会的関係でしかないのである。それゆえ、その類例を見いだすためには、われわれは宗教的世界の夢幻境に逃げ込まなければならない。ここでは、人間の頭の産物が、それ自身の生命を与えられてそれら自身のあいだでも人間との間でも関係を結ぶ独立した姿に見える。」（国135〜136・岩132）

マルクスはここで、「諸物の関係という幻影的な形式」という誰が見ても仮象にしか思えないような形式が「人間自身の特定の社会的関係」に基づく現象、すなわち科学的事実だということを強調しているのです。それは私たちの偏見や無能力に基づく錯覚や仮象ではないのです。

　ところで、このマルクスとまったく同じ観点からキリスト教における様々な奇跡や秘跡を、それらがいかに単なる作り話や幻想であるとしか思えないようなものであったとしても、人間の本質の現象であり、確固たる科学的根拠をもつ事実であるということを示そうとしたのはフォイエルバッハです。マルクスはそのフォイエルバッハに対して敬意を示す趣旨で、ここで「宗教的世界の夢幻境」という言葉を使ったのかもしれません。

　　「これを私は物神崇拝と呼ぶのであるが、それは、労働生産物が商品として生産されるやいなやこれに付着するものであり、したがって、商品生産と不可分なものである。」（国136・岩132）

　たとえば皆さんも単なる私物と思っていたものについて「それ売り物ですよ！」と言われた瞬間にドキリとさせられたことはないでしょうか。多くの人々は、単なる私物なら気兼ねなく取扱うことができることでしょうけど、商品の場合にはできるだけ丁寧に扱うようになるはずです。つまり、売るための生産、商品生産が始まったとたんに、その私的生産物は社会的な物になり、私的労働もまた「社会」に監視あるいは規定されたものへと変化するのです。

　もちろん、実際に「誰か」に監視されているわけではありません。なぜなら、私たちの社会は自由主義経済社会なのですから。しかし、にもかかわらず「何か」に監視されているのです。私的生産者自身が心の中で生み出す幻影的な「社会」、すなわち人間的ではなく、物象化された人間たちの「社会」によってです。しかしそれは幻影ではなく現実なのです。なぜなら、それは究極において私たちの生存本能が生み出している産物だからです。

4　特撮シーンと物神崇拝の発生根拠
　非常に難解といわれているマルクスの商品物神崇拝論の理解を容易にするために、ここでまた日常的な話題を材料にした比喩で説明したいと思います。

たとえば皆さんが人体浮遊や、ベッドが勝手に踊りだすようなシーンに満ちた『エクソシスト』の映画の一場面を見たとしましょう。『エクソシスト』を知らない世代の方は、ジャパニーズホラーの代表作『リング』のテレビから出てくる貞子を思い浮かべていただいてもかまいません。それらについて、次のような解説をした人がいたら皆さんはどう感じるでしょうか。

　「人体浮遊は仮象です。なぜなら、人間の身体が重力の働く場所で何の支えもなく宙に浮くことなどありえないからです」、「ベッドが勝手に動いているのは仮象です。ベッドは生物ではないので、自ら動くことはありえないからです」。おそらく皆さんは「そんな当たり前のことは、言われなくてもわかっている！」と反論することでしょう。実は、昔のマルクス物神崇拝論解説にはこのレベルのものが多かったのです。彼らが決まって強調したのは「価値や購買力は貨幣の自然属性ではないのです」という、中学生でも知っているような事柄でした。

　さて、皆さんがほんとうに知りたいことは、手品や特撮シーンで人体が浮遊しているように見え、ベッドが踊っているように見えることの理由です。では、その理由について、次のような解説をした人がいたら皆さんはどう感じるでしょうか。「その理由は皆さんの見間違い（錯覚）です。先入観や偏見を捨てて、スクリーンを純粋な目で凝視すれば、そのタネがわかります」と。その解説者はおそらく嘲笑の的になることでしょう。明らかに現象知と仮象を取り違えているからです。手品や特撮は一般に錯覚を利用するものではなく、タネや仕掛けがあるのです。もっとも、一部の手品にはほんとうにタネも仕掛けもなく観客の錯覚を利用するものもあるようですし、アニメキャラのなめらかな動きなどは人間の視覚能力の限界を利用しているのかもしれませんが。

　それはともかく、こうした明らかに馬鹿げたレベルの説明も、その対象が手品や特撮シーンではない場合には、すなわちタネや仕掛けがあることが常識において前提されていない場合には学者レベルでも生じるのです。

　マルクスの時代の俗流経済学者たちもさすがに価値が貨幣や商品の自然属性であるということは認めません。では彼らによれば商品価値は何によって生じるのでしょうか。それは労働生産物が生まれながらに具えている自然属性に対する人間たちの主観的関係、すなわち人気や流行のようなものです。つまり、価値は世間の多数派の人々の独断と偏見に基づく好みによって決まるということにされるのです[1]。ちなみに、最近の経済学者の中にも、株式の価格は人気投票と同じ仕組で決まると説明する人がいるようです。

さて、話を戻しましょう。手品や特撮シーンのタネ明かしをして欲しいといわれたら、私ならどうすると思いますか。まず人体浮遊の手品なら、皆さんを舞台の後ろに立たせることでしょう。すると浮遊している人の身体がどのような仕組で支えられているのかや、人体の下に何の支えもないという証拠を示すためにマジシャンが通過させた大きな輪の一部が実は切れていることなどが確認できるからです。ベッドが踊るような特撮シーンの場合ならたとえばカメラを引かせることで仕掛けがわかるかもしれません。もしかしたら、ベッドの下に潜って汗をかきながらベッドを揺らしているスタッフさんが見つかるかもしれません。CGや合成を使った高度な特撮技術の場合にはもはやメイキングビデオを確認するしかないかもしれませんね。

　以上の比喩で読者の皆さんに理解していただきたい重要なことは、手品や特撮シーンのタネや仕掛けは、それらの主催者によってあなたが見せられている場面やスクリーンの外のメイキング段階にあるのだということです。商品の場合も同じです。その場合のタネや仕掛けは商品の交換段階における価値の実体ではなく生産段階というメイキング段階における価値形成実体にあるのです。ところが、私たちの社会の私的生産者たちは交換の場面においてはじめて社会的に接触します。その結果、彼らは彼らにとって不可解にみえる謎のすべてを交換の場面で認識可能な事柄だけに基づいて説明しようと試みるのです。このような事情が、商品物神崇拝を発生させる根拠なのです。このような考え方は、認識の真理性はすべて認識の場面（主客関係）において決まるという経験論哲学の考え方や、裁判の真理性はすべて法廷の現場で決まるという考え方と本質的には同じで、いずれも科学の立場の否定につながるのです。

　それでは、以上のことを念頭におきつつマルクスのテキストの読解に戻ることにしましょう。

5　マルクスによる商品あるいは貨幣物神の発生根拠の解明

　「およそ使用対象が商品になるのは、それらが互いに独立に営まれる私的諸労働の生産物であるからにほかならない。」（国136・岩132）

---

1) 実践的法解釈を社会的本質の自己実現ではなく条文解釈だと誤解しますと、その条文は国会でみんなが決めたものであり、法解釈もまた国会を通じてみんなが決めた法律の属性についての解釈であるかのように誤解されることになることと同じです。

このこと自体は商品論第2節でマルクスがすでに指摘したことです。ですからもちろん、マルクスはこれをここで単に繰返しているのではありません。そう、マルクスは労働生産物が交換価値という超感覚的な属性を持つことによって商品になるという手品のタネは交換段階ではなく、生産段階にあるのだということをここでは強調しているのです。

　「生産者たちは自分たちの労働生産物の交換をつうじてはじめて社会的に接触するようになるのだから、彼らの私的諸労働の独自な社会的性格もこの交換においてはじめて現われる」（国136・岩132）
　「生産者たちにとっては、彼らの私的諸労働の社会的関係は、そのあるがままのものとして現われる。すなわち、諸人格が自分たちの労働そのものにおいて結ぶ直接的に社会的な諸関係としてではなく、むしろ諸人格の物的な諸関係及び諸物の社会的な諸関係として、現われる。」（国136〜137・岩132〜133）

　私的生産者たちにとって交換の場面は特撮映画のスクリーンです。彼らにはそのスクリーンの外が見えないのです。ですから、交換において現われる物象（商品）と物象（商品）との社会的関係は、私たち自身の社会的生産様式のあるがままの姿を私たちに赤裸々に突きつけているのですが、彼らにはそれが単に神秘的な仮象にみえてしまうのです。貞子がテレビから出てくる様子を、そのスクリーンの外をまったく度外視して合理的に説明しよう試みるなら、そうならざるをえないのと同じことです。
　本書の第1章で触れましたが、私が予備校で教えていた司法試験受験対策は三権分立という私たちの社会の現実をあるがままに反映したものでした。しかし、それを司法試験の答案という試験の答案上の法解釈の場面においてしか認識しない人々には、予備校講師が勝手に思いついた、社会的現実とは無関係なマニュアル（外的反省）にみえてしまうのです。それはここでの交換と生産の関係と同じです。
　ですから、マルクスが暴露した貨幣形式の必然性は、私たちがまだ本能的で動物的な、したがって人類にとっては「前史」と評価せざるをえないような未熟で発展途上にある社会的生産関係に支配されているという現実[2]をあるがままに反映したものなのです。その証拠が次に示されます。

「この瞬間から、生産者たちの私的諸労働は実際には一つの二重な社会的性格を受け取る。それは、一面では、一定の有用労働として一定の社会的欲望を満たさねばならず、そのようにして自分を総労働の諸環として、社会的分業の自然発生的体制の諸環として、実証しなければならない。他面では、私的諸労働がそれら自身の生産者たちのさまざまな欲望を満足させるのは、ただ、特殊な有用な私的労働のそれぞれが別の種類の有用な私的労働のそれぞれと交換可能であり、したがってこれと同等と認められる限りでのことである。」

「この瞬間」とは、労働生産物が交換のために生産されることが一般的になった瞬間のことです。すなわち、商品生産がはじまりますと、生産者たちの私的労働は、日本人に馴染みのある言葉で表現しますと「建前とホンネ」のような二重の社会的性格を受け取ることになるのです。建前とは人間的な社会関係で、ホンネは物的な本能的関係です。

まず、人間たちは建前上、隣人や社会を愛していると表明せねばなりません。自分たちの私的労働は社会のニーズに応えるためや、お客様を笑顔にするための労働であるなどと表明することによって社会からの好感度アップを目指さねばならないのです。それが、自らの私的労働が社会的に有用であることを実証することの意味です。但し、そのホンネはもちろん社会への愛ではありません。交換の成功によって生産者自身の欲望を満たすことです。ですから、貨幣物神は人間の原罪や心の中に住みつく悪魔のささやきのようなものとして現象するのです。以上のことは、多くの男女の恋愛の駆け引きの場合と似ています。

しかし繰返しますが、注意すべきはこの二重性格が仮象に基づくものではないという点です。私たちの社会的生産様式は人格的な概念によって支配されておらず、物的な実体が神なのですから、この二重性格は人間たちの不道徳さが生み出したものではなく、あるがままの社会的生産様式に基礎づけられた結果なのです。

ところが、私的生産者たちはそれを交換の場面で認識可能な事柄だけに基づいて説明しようと試みます。すると、当然に「回り道」が生み出す仮象の罠にはまることになるのです。その結果はどうなるのでしょうか。

---

2) このような「人間」こそが、ニーチェにいわせますと真の人間である「超人」と「動物」の中間的存在としての「人間」のことではないかと私には思われます。

6 貨幣形式が生み出す商品物神崇拝

「私的生産者たちの頭脳は、彼らの私的諸労働のこの二重の社会的性格を、実際の交易、生産物交換で現われる諸形式でのみ反映させ、―― したがって彼らの私的諸労働の社会的に有用な性格を、労働生産物が有用でなければならないという、しかも他人のために有用でなければならないという形式で反映させ、―― 異種の諸労働の同等性という社会的性格を、これらの物質的に違った諸物の、諸労働生産物の、共通な価値性格という形式で反映させるのである。」（国137〜138・岩134）

　ここでは、先に述べた私的労働が生産段階で受け取る二重性格が、交換段階におけるどのような認識を生み出すのかについて述べられています。このような考察がなされるのはもちろん、今度はマルクスの立場ではなく、物神崇拝に陥っている私的生産者の立場から商品価値を考察するためです。

　そしてその認識とは、労働生産物の自然属性の魅力が貨幣を惹きよせるという考え方、すなわち、商品価値の大きさは商品の魅力に対する社会の人気投票で決まるという考え方です。これが商品物神崇拝です。ちなみに私は、最近ネットなどでたまに見かけることがあるマルクスの労働価値説に対する軽薄な批判のほとんどがこの立場からのものだと感じています。

　ところでこの考え方は、「回り道」が生み出す仮象をうまく回避できるのです。つまり、この考え方によれば価値という社会的なものが商品の自然属性であるという仮象を否定し、人間たちの社会的属性（社会的価値観に規定された（流された）偏見や先入観や錯視）に基づくものだという結論を導けるからです。では、このことは果たしてこの考え方のメリットといえるでしょうか。

　もちろんそうではありません。これは実は余計なお世話だったのです。ここにこそ、これまで何度も指摘してきた多くの人々が誤解しやすいねじれた関係があるのです。重要部分ですのでもう一度説明しておきますと、価値が物としての商品の属性であるということは私たちの社会の商品関係においては現象知（科学的事実）なのですから、否定する必要などなかったのです。ところが、「回り道」が、価値表現を等価物商品の自然属性に対する外的な解釈にみせかけてしまうため、多くの人々には商品の社会的関係に基づく現象知まで含めて全部仮象にみえてしまうようになるのです。

「だから、人間が彼らの労働生産物を互いに価値として関係させるのは、これらの物が彼らにとっては一様な人間労働の単に物的な外皮として認められるからではない。逆である。彼らは、彼らの異種の諸生産物を互いに交換において価値として等置することによって、彼らのいろいろに違った労働を互いに人間労働として等置するのである。彼らはそれを知ってはいないが、しかし、それを行うのである。」(国138・岩134)

　マルクスはここで、人間たちが行っている欲望に基づく商品交換を人間が本能的に知った本能実現行為として描いています。

　すでに説明しましたように、たとえば、人間は生きるためには食事をしなければならないという後世の科学的発見以前に食事をしなかったわけではないでしょう。あるいは、人類が繁殖するためには性交をしなければならないという後世の科学的発見以前に人類が性交を一切しなかったとすれば、人類はとっくに絶滅していたことでしょう。私たちはそれらの類的行為の科学的な意味を知る前に、それらの行為を実行していたのです。

　しかし、食事も性交も人間の本能そのものではなく、本能的に知った本能の実現手段にすぎません。ですから、これを本能そのものと取り違えることによって資本主義的生産様式を人間にとっての永遠の自然必然性と取り違えることはあってはならないのです。

「ところが、まさに商品世界のこの完成形式 ── 貨幣形式 ── こそは、私的諸労働の社会的性格、したがってまた私的諸労働の社会的諸関係をあらわには示さないで、かえってそれを物的におおい隠すのである。」(国141・岩137)

　マルクスによりますと、貨幣形式が隠蔽しているものは「私的労働の社会的性格」というわけですから、貨幣形式は社会的に規定された私的労働を自由な私的労働、自律的な個人の自己実現としての労働であるかのようにみせかけるのです。その結果、商品世界の社会関係は、ほんとうは社会に規定された個とその社会の本質との自己関係であるにもかかわらず、社会に規定されない自律的な個人たちとその個人たちを外的に制限する社会との関係にみえてしまうのです。すでに触れましたが、フォイエルバッハの「愛」の概念も、そのような

貨幣形式のロジックが生み出す仮象に基づくものだと考えられます。

7　貨幣の価値とシェイクスピア

　商品論の最後に、マルクスはこれまでの議論を踏まえて当時の経済学者たちの見解を批判し、さらにシェイクスピアの作品からの皮肉をこめた引用で第1章を締めています。この部分は、本書ですでに触れた『ヴェニスの商人』の有名な一場面をも彷彿とさせるもので、マルクスのシェイクスピアに対する思いも感じられる興味深い部分だと私は感じています。

　「もし、商品たちがものを言えたら、こう言うであろう。われわれの使用価値は人間の関心をひくかもしれない。使用価値は物としてのわれわれにそなわっているものではない。だが、物としてわれわれにそなわっているものはわれわれの価値である。われわれ自身の商品物としての交わりがそれを証明している。われわれは交換価値としてのみ互いに関係しあっているのである。」（国153・岩149）

　ここで思い出していただきたいことは、商品論冒頭の、商品はさしあたって人間たちにとっては外的対象としての「物」であり、「或る物の有用性はそれを使用価値にする」というマルクスの説明です。ここで商品が言っている「物としてのわれわれ」とは、それとはちょうど逆の立場、すなわち商品の立場からみた場合の「商品物」に関する見解です。それは次のようになります。

　商品にとっては使用価値ではなく、価値が物としての自分たちの属性です。なぜなら、使用価値は商品の自然属性に対し、人間たちがその有用性に基づいて与えた（規定した）属性だからです。他方、商品が物としての自分たちに与えた属性は価値であって、それはすでに考察したように、社会的生産様式によって労働生産物に付与された純粋に社会的な属性で、商品の自然属性に関係するものではありません。だからこそ、商品たちは相手を選ぶことなく、相互に交換価値として関係するのです。

　しかし、そのような商品の立場に操られつつも、そのことに気づかない人間たち、すなわち当時の経済学者たちは、このような商品の心を次のように理解します。

では、経済学者がこの商品の心をどのように伝えるのかを聞いてみよう。

「価値（交換価値）は物の属性であり富（使用価値）は人間の属性である。価値は、この意味では必然的に交換を含んではいるが、富はそうではない」、「富は人間の属性であり、価値は商品の属性である。人間や社会は富んでいる。真珠やダイヤモンドには価値がある。真珠やダイヤモンドには、……　真珠やダイヤモンドとしての価値があるのだ」。（国153・岩149〜150）

　人間たちにとっても価値は物の属性です。しかし、すでに考察した「回り道」の仕組のせいで、その場合の物の属性としての価値は社会的生産様式に基づくものではなく、交換局面で問題になる、すなわち交換動機に影響を与える商品の自然属性に基づく社会的嗜好のようなもの（流行や人気等）と考えられてしまうのです。ですから、たとえば真珠やダイヤモンドに高い価値が認められるのは、それらの内在的な価値のせいではなく、社会の人々がそれらの自然属性あるいは使用価値に高い価値を認めるせいだということになるわけです。

　では、このような誤った見解はなぜ生じるのでしょうか。マルクスは次のように指摘します。

　ここで彼らの見解を基礎づけるものは、物の使用価値は人間にとって交換なしに、つまり物と人との直接的関係において実現されるが、物の価値は逆に交換においてのみ、すなわち一つの社会的過程においてのみ実現される、という奇妙な事情である。（国154・岩150）

　価値が商品の自然属性に基づくものにみえてしまう事情は、価値の実現に必ず交換が伴うからです。つまり、価値は交換の成功によってはじめて実現されるのですが、交換に成功するためには、商品は自己が属性として具えている魅力を交換相手に対してアピールしなければならないという事実があるからです。価値の本質を交換段階で理解しようと試みる多くの人々はこの事実に目を奪われてしまうことにより、価値を商品の自然属性と切り離して理解することができなくなるのです。

　では、そのような経済学者たちにとって、使用価値はどのように理解されることになるのでしょうか。それは、交換局面における社会的評価とは無関係に存在しているその商品固有の価値ということになります。

マルクスによる以上のような説明は、思春期の男女の恋愛関係を例に考えるとわかりやすくなります。

　まず、商品と同様の物の立場から恋愛を考察しますと、次のようになるでしょう。たとえば、「あなたが或る女性を好きになるのは、あなたが男性で、相手が女性だからで、人類の繁殖や発展のためには両者の結合が必要だからにすぎない、あなたはその女性の性格や容貌等を理由にその女性のことを好きになったのかもしれないが、それらは物としてのわれわれの属性（恋愛における価値の実体）とは無関係である」、と。

　しかし、普通の人々（人間たちの立場）はもちろんそのような認識をしません。人間たちはたとえば、双方の属性である魅力的な容貌や性格に基づいて恋愛関係を持つようになると考えることでしょう。そのような認識を基礎づけている事情はもちろん、恋愛には必ず交際を伴うというものです。つまり、恋愛も結婚もまず交際することに成功しなければ実現しませんが、交際に成功するためには自分の魅力を相手にアピールせねばなりません。そこで、人間たちは恋愛における価値の本質を、社会一般の評価に照らして、出会いの場で相手にアピールできるような当事者が具える魅力的な属性、要するに異性にモテるための一般的要素のようなものに求めてしまうようになるのです。これが恋愛関係において人間たちが理解する「交換価値」です。

　するとそのような恋愛における人間的価値は、多くの人間たちが考える人間の真の価値とは合致しなくなります。つまり、モテる人間はモテない人間よりも価値が高いというような思想は、多くの人間たちの価値観に反します。そこで、人間の真の価値は、モテるかモテないかということとは無関係な、すなわち社会的評価とは無関係なプライバシー領域で具わっているものと理解されるようになるわけです。これが恋愛関係において人間たちが理解する「使用価値」です。

　つまり、上記のような思想は結局のところ、商品価値のような公的・社会的領域で認められる価値は人間の本質にとって外的で偶然的なものであって、人間たちはその領域では恣意的に形成された社会的評価の奴隷としてふるまわざるをえないのだという考え方を生み出します。その結果、人間にとっての真の価値は社会的評価とは無関係な内心あるいはプライバシー領域においてあるのであって、そこでこそ人間の尊厳が実現されているのだという思想を生み出すわけです。ですからこのような捉え方によりますと、公的・社会的領域はそ

もそも人間の尊厳が実現不可能な領域であり[3]、人間たちがまさに人間らしく生きるためにはプライバシー領域に閉じこもるか、社会との関わりをまったく断っても生きていけるくらいの莫大な財産を獲得するしか方法がないということになってしまいます。

　マルクスによる価値の実体の社会的生産様式による基礎づけは、上記のような帰結を否定します。マルクスが貨幣論で解明した哲学的真理とは、私たち人間にとって永遠の自然法則である使用価値の生産を実現するための社会的様式がまだ、人間たちが太古において本能的に知ったにすぎない私的労働に基づく社会的分業という独自な様式であること、これが現実的な、いや現実的であるにすぎない現在の人間の本質を基礎づけているのだということです。ですから、マルクスによりますと、私たちの多くはまだ真の人間を知らないのです。それはマルクスによれば社会革命の実現によって、多くの人間たちが現在の社会的生産様式、あるいはそれに基づく生きるための奴隷的な労働から解放されることによってはじめて登場するような人間だからです。

　以上を踏まえて、マルクスは商品論の最後に、シェイクスピアの『から騒ぎ』から、以下のような引用をします。

　「イケメンでモテることは幸運の賜物だが、読み書き能力は自然に身につくものだ。」[4]（国154・岩150）

　これまでの説明を踏まえますと、この引用の趣旨は明快に理解できることでしょう。「君が売れっ子になれるかどうかは君に生まれつき具わっている容貌と、それに対する社会的評価との関係という運にかかっているが、読んだり書いたりする能力は、社会的評価とは無関係な君自身の内的価値に由来するものであるから、君の真価だ」という意味です。

　そういえばシェイクスピアは『ヴェニスの商人』で、ポーシャのフィアンセへの立候補者に金と銀と鉛の箱のうちから希望する一つを選ばせ、金と銀の箱を選んだ者を失格にしています。マルクスによりますとこのような思想こそ、貨幣の価値の根拠を金や銀のピカピカ輝いている外観の魅力に基づく社会的評

3）ちなみに、アレントは「すべて他人のいる公的な場所で送られる生活は、よくいうように、浅薄なものになる」と指摘しています。（『人間の条件』ちくま学芸文庫 101 頁）。

4）to be a well-favoured man is the gift of fortune; but to write and read comes by nature.

価に帰着させ、使用価値を内面的価値に帰着させている点で、ここで批判されている経済学者たちと同じ立場だというわけですね。

　以上のように、上記のような考え方は『ヴェニスの商人』に出てくるくらいに現実においても一定の説得力を持ちますから、まるで真実のようにも思えてしまいます。しかし、経済学的には誤っているのです。本書の読者ならもうその理由はわかりますよね。そう、このような思想の持主である経済学者（ベーリ）は商品価値の分析にあたって、交換に成功した際の価格をそのまま価値とみなして分析対象にしてしまっているのです。しかし、交換において実際に成立した価格はさまざまな偶然的事情の結果にほかなりませんから、価値の現象形式ではありません。ベーリのような反正解志向論者はしたがって、最初から偶然的なものを価値として前提してしまうことによって、価値の本質よりも価値の本質からの誤差の方を価値の真理だと考えてしまっているのです。

終章

1　貨幣論の哲学の方法とフォイエルバッハに関する第1テーゼ

　ここでは本書の重要部分に関する復習も兼ねる趣旨で、これまでの考察を踏まえて、マルクス貨幣論の哲学的方法について解説しておきたいと思います。

　さて、本書をここまで読んでくださった方々に質問です。実践的法解釈とは法解釈でしょうか。

　もう気づいていらっしゃる方々も多いことでしょう。答はノーです。実践的法解釈の主体は法律をまったく解釈していません。法律をいきなり解釈者自身が従っている概念に等置しているのです。しかし、「回り道」はそのことを隠ぺいし、実践的法解釈を、三権分立に基づく独善的ではない法解釈であるかのようにみせかけます。この「回り道」の仕組こそが、私たちの認識を狂わせる原因だったのです。では、この「回り道」が生み出す仮象にだまされますと、いったいどうなるのでしょうか。

　そこで本書の第1章13で考察した裁判官が合法的につく「見え透いた嘘」についてもう一度考察してみましょう。その場合の嘘とは「電気窃盗は刑法235条に基づいて有罪である」です。この嘘に対し、皆さんならどのように糾弾するでしょうか。

　まず、「回り道」を正しく理解している者なら次のように言うことでしょう。「裁判官、あなたはほんとうは刑法235条をまったく解釈せずに結論を出しています。それなのに、国会の立法に従って結論を出したかのようなフリをするのは嘘つきであり、無責任です!」と。

　この場合、刑法235条は裁判官の解釈の客体ではなく、裁判官自身の自己実現手段、すなわち主体として把握されているのです。ですから理論上は、刑法235条を刑法199条の殺人罪の規定に入れ替えてもかまいません。なぜなら、自己実現を試みる裁判官にとっては窃盗も殺人も同じ法益侵害性という無価値の実体の凝固にすぎないからです。その場合には「電気窃盗は軽い殺人罪である」、「殺人は重い窃盗罪である」というふうに判断されることでしょう。ここではあらゆる種類の犯罪類型が、単に量的にしか区別されない実体へと還元されているのです。

　では、「回り道」の仮象にだまされている人ならば何て言うでしょうか。きっと、「電気が「財物」に該当するなんて嘘です。裁判官がそうではないと言い張るのなら、いま私のところまで裁判官自身が電気を手で持ってきて下さい!あるいは、私から裁判官の手を使って電気を奪ってみてください!」などと、

まるで『ヴェニスの商人』のポーシャ裁判官や、日本人に親しみのある例でいうなら一休さんのように糾弾することでしょう。つまり、この立場の人は実践的法解釈において、裁判官は電気が「財物」にあたるのかを解釈しているのだと信じているのです。その場合、まず「財物」の意味を、裁判官が規定されている社会正義概念とは無関係な一般社会通念上の意味に基づいて確定します。その後、これに電気があたるのかを検討することになります。ですから、この場合の裁判官は刑法235条を犯罪概念に等置しているのではなく、自分自身の犯罪概念を、自分の他者である刑法235条に等置しているのです。ですから、この場合の刑法235条は裁判官にとって社会正義概念の現象形式ではなく、それとは無縁な、しかも自分が信じる社会正義概念に基づいて裁判官が行う自由な価値判断を制限するような客体です。

　実践的法解釈の正体は前者です。しかし、「回り道」はそれが後者であるかのようにみせかけるのです。では両者において、裁判官に対する評価はどうなることでしょうか。もちろん、この法解釈の結果が正しいと仮定した場合のことです。

　前者では裁判官が非常に有能であり、したがって社会的本質そのものであるという結論が導かれます。つまり、法解釈の結果は裁判官の独善ですが、にもかかわらずその結論が多くの国民を納得させる内容であるということは、その裁判官が社会正義概念を熟知し、それに従って判断をしているということを意味するからです。しかし、後者ならその逆の結論が導かれます。「財物」に電気が含まれるはずがないことは素人でさえわかることなのに、そのような無茶な解釈をする裁判官は無能だということになるのです。

　つまり、マルクスが解明した価値の社会的本質は、無能な人間がやってしまうような思考から導出されたものではなく、最高度に有能な人間の思考に潜む、あるいはその思考を操っている「黒幕のような「主体」」なのです。

　「20エレのリンネルは1着の上着にあたいする」という単純な価値形式を例に考えてみましょう。この場合、「回り道」の仕組を正しく理解している者にとっての上着の貨幣性は、有能なリンネルの社会的性格の現われです。ですから、上着の貨幣性は、私たちの社会的生産様式が生み出す私的労働の社会的性格に基づく必然的で科学的な事実です。しかし、「回り道」の仕組にだまされている者にとっての上着の貨幣性は、リンネルが無能であることの結果だということになります。上着のような自然物が貨幣性のような社会的属性を持つは

ずがありません。にもかかわらず、上着を貨幣だと解釈するリンネルは頭がおかしいのだということになるのです。

　以上のことから次のことが理解できることでしょう。それは上着を価値の現象形式、すなわち主体として把握すること、これが貨幣の真理を解き明かすための肝なのだということです。つまり、これがマルクス貨幣論哲学の方法の核心なのです。これはマルクスによりますと、「対象や感性や現実性を、客体や直観の形式においてではなく、主体として把握すること」と表現されます（フォイエルバッハに関する第1テーゼ）。このテーゼに関する解釈についても実は、日本では戦前から大論争が行われてきたのですが、現在でもあまり明確な結論は出ていないのではないかと私は感じています。

　しかし、本書をここまで読んで下さった方々であれば、たとえばマルクスの「単純な価値形式論」のロジックを定式化し、それを素直に言葉で表現すれば、「上着という感性的な対象をリンネル価値にとっての客体ではなく、リンネル価値の現象形式、すなわち主体として把握している」ことに気づくはずです[1]。マルクスはそうすることによって、単純な価値形式はリンネルによる上着の単なる解釈ではなく、リンネル価値の自己実現、すなわち実践であるということを暴露し、貨幣の本質を資本主義的生産様式だということを見破ったのです。以上のように、貨幣論のマルクスの意図に従った読解は、これまで長い間論争されてきたフォイエルバッハに関する第1テーゼの意味も明らかにするのです。

2　マルクスからニーチェ、そしてその先へ

　私は子供の頃からアニメの『ルパン三世』が好きでしたが、その映画版の『カリオストロの城』の名場面の一つに、カリオストロ公国の不正を暴くための捜査から外された銭形警部がその現場で峰不二子が構えるテレビカメラに向かって「ルパンを追っていて、とんでもないものを発見してしまった！どうしよう～～」と白々しく言って、笑わせてくれるシーンがありました。マルクス貨幣論もまさに同じで、マルクスは貨幣の謎や秘密を追求しているフリをして、実は私たちに対し、自由主義経済社会と呼ばれる資本主義社会や、自由民主主義と呼ばれることもある私たちの憲法に基づく人権尊重主義の驚くべきほんとうの姿を暴露しようとしていたのです。

　日本国憲法が定める人権は対国家・対社会的権利です。つまり、国家や社会の存在が前提です。にもかかわらず、人間が生まれながらに人権を享有すると

いうことの意味は、人間が生まれた瞬間から国家や社会に隷属していることを意味するとともに、そこでの個人も国家や社会を前提する個人、誤差ほどの個性しか持つことが許されない個人を意味しているということになります。ですから、そのような意味での個人の尊重が実現すればするほど、国家や社会の力もちょうど同じくらいに大きくなってしまう関係にあるのです。

　そこでマルクスはおそらく、このように私たちを抑圧している社会を最終的になくし、私たちの多くがまだ知らない真の人間性のすばらしさを私たちに対して示すために、戦おうと考えたのだと思います。しかし、その考え方にはもう一つの前提が含まれているように私は考えています。それは、「私たちはまだ、社会なしには生きていけない存在である」ということ、すなわち「私たちはまだ、決して一人では生きられない」という前提です。このような前提こそが、社会を私たちにとっての「神」にしてしまう原因だからです。

　しかし、私たちは果たしてほんとうにまだ、社会なくして生きていけないのでしょうか。社会は私たちにとっていまもまだ神なのでしょうか。

　それを否定したのがニーチェなのではないかと私は感じています[2]。社会はもはや神ではない、神はすでに死んだのだと。だから、私たちはもはや社会なしで、すなわち、もうツァラトゥストラとしてもう生きられる段階なのだと。

　そういえば、2チャンネルの創始者として有名で、大人気ユーチューバーのお一人でいらっしゃるひろゆきさんが書かれたベストセラー本『1%の努力』のいちばん最初（2頁）に、財布とスマホを捨てて1週間自由に暮らせる人は

---

1) 但し、ここでの「主体」はまだマルクスやカントが実践とした主体そのものではありません。なぜなら、実践的主体は自己実現にあたって、実在する対象（法律なら条文）や現象を変えてしまうからです。しかし、貨幣論の主体は自己実現をしながらも、対象についてはあるがままの状態で存続させています。したがって、このような主体は、マルクスにいわせればおそらく、実践に到達する直前段階の主体として、まだ辛うじて解釈の哲学に留まっている主体ということになるでしょう。カントもこのような段階の主観をまだ「現象的原因」にすぎない「行為的主観」と規定していて、「そしてかかる主観（現象のなかにその一切の原因性をもつところの）の現象こそ、我々が経験的対象から先験的対象へと昇りゆこうとする際に必要とするところの或る種の条件、換言すれば、純粋に可想的とみなされねばならぬような条件を含むであろう。」（『純粋理性批判』中巻217頁）と述べています。
　要するに、真の実践的主体は、自己の概念と一致しない実在する対象を廃棄し、自己の概念に合致させるように変更しようとするような主体です。貨幣論の主体は、主体内部の自己関係において、等価形式にある実在的な商品を廃棄し、自己の概念に合致させるように変更してはいますが、最終的には自己をあるがままの実在的商品の本質と調和しているかのように振る舞っており、したがって、対象を変革しようとまではしない主体なのです。」
2) 私はまだニーチェについては深く研究していませんので、感想のレベルでしか発言できないことをご理解ください。

私の本を読まなくていいという主旨の序文が付されていて話題になりました。私は1週間ではまったく足りないと思いますが（ツァラトゥストラは数年かかりましたから）、基本的にはその考え方に賛成です。つまり、『ツァラトゥストラ』を書いたニーチェはおそらく、私たちの多くは（全員ではないと思います）ほんとうはもうツァラトゥストラになれるので、敢えて社会と戦う必要はないのだと、自分自身で社会と距離を置けば、真に人間らしい人生を獲得できるのだと考えていたのだと私には思えるのです。あるいはニーチェと同時代人であったシュピリの小説『アルプスの少女』でいえば、クララはもう車椅子から立つことができるはずで、勇気さえ持てば、都会のキリスト教的道徳などすっかり捨て去ってアルムの山でハイジと一緒に自分の脚だけで暮らしていくこともできるのだと。

　ちなみに、ひろゆきさんは同書の3頁〜4頁に

「働かないアリ」であれ。「働かないアリ」のように、お金や時間にとらわれない状態になると、チャンスが見えるようになる。

とあるのですが、これはマルクスの考え方と一致しているのではないかと私は考えます。但し、マルクスはそれを実現するためには社会革命が必要だと考え、ニーチェはツァラトゥストラのように生きればよいと考え、ひろゆきさんはスマホと財布を捨てられればよいと考えた点に違いがあるのですが。
　もちろん、いずれの場合にも自分の人生をある程度危険にさらす必要が生じます。ですから私は、マルクスやニーチェの世界観が万人にとって正しいわけではないとも考えているのです。たしかに、国家によって安心安全を守ってもらうことを重視するなら、その場合の自由とは「公共の福祉」という名の鎖に繋がれた範囲内におけるいわば飼犬の自由です。それに対して、マルクスやツァラトゥストラが理想にしている自由は社会的「動物」としての人間を超えた自由、すなわち「超人」の自由です。しかしニーチェが超人への道を「綱渡り」に喩えたように、それはアニメ『カイジ』の鉄骨渡りの先においてはじめて得られるような自由なのです。したがって、ニーチェの超人思想は死を怖れずに主体的に生きることを幸福だと考える人にとっての幸福にすぎません。しかし、人間たちの幸福観に正解はないはずです！ですから、日本の多くの教師たちが強調したがる主体性重視やら反正解志向やら「自分の頭で考えろ」みたいな無

内容で無責任な思想に誰もが迎合する必要など、私はまったくないと考えています。実際、彼らこそが社会の奴隷なのであって、自分の頭で主体的に考えることを放棄したまま反正解志向なるものを生徒たちに強要しているのです。

それはともかく、真に主体的に生きることに高い価値を認める人にとっては、ニーチェの思想は絶望の淵から救いだしてくれるものに思えそうです。しかし、マルクスの理論を踏まえますと、これは結局、プライバシー権が守ろうとしている私的領域に閉じこもること、つまりツァラトゥストラやアルプスの少女ハイジが決して山から下りないで生活することをもって幸福と考えるような思想でもあるようにも思われます。そうした孤独は、アレントも指摘していますが、たしかに芸術や哲学的思索のような分野の豊かさを増大させることでしょう。しかし、そこにも明らかに足らないものがあります。それは、類的本質に規定されていない主体と主体との関係、つまり、真の他者関係です。

プライバシー領域は社会からの逃げ場にすぎません。したがって、そこには社会に規定されない自己関係しか存在しておらず、社会に規定されない自由な人間同士の他者関係が存在していないのです。おそらく、マルクスはこのような真の他者関係の実現手段を共産主義の実現に求めたのだと思います。

最近の日本のアニメでいえば一見したところ子供向けのアニメにみえる『けものフレンズ』のシーズンワンの世界観がその典型です。そこでは、人間（ヒト）だけが類に規定されることのない存在、すなわち「かばんちゃん」と呼ばれる個がそのままで類とみなされる存在とされ（ちなみに「ヒト」という類は硬貨（貨幣）を遺品として残すことで絶滅しているかのような設定になっています）、姿もカタチも幸福観すらもまったく異なる他者同士で結ばれる自由な他者関係が描かれているのです。その「社会」には家族や性的関係さえも存在しません。つまり、従うべき類的本質が存在しないのです。そのような「社会」において、彼女らが社会的な群れを作り、そのパワーを見せつける瞬間は命を守るという本能的目的が最優先される場合だけです。すなわち、個人の尊厳よりも肉体的生存を重視せざるをえない場合、そのような場合に限り人々は社会を必要とするのです。私はこれがマルクスの人間観なのだと考えています。

しかし、そのような「社会」は「自分の身は自分で守る」ことができるような人々だけにとって幸福な「社会」であるようにも思えます。ですから、私にとってマルクスの思想は、私たちが生活する社会の現実を赤裸々に暴露してくれたという点で偉大だと感じてはいますが、普遍的な正義とまではいえないの

ではないかとも考えているのです。読者の皆さんはどう思われますか。本書が
正義や哲学について皆さんが深く考える際のヒントになってくれらとても幸
いです。

（あとがき）哲学に興味がある方へ～カント哲学と価値形式論の方法

　本書の原稿がほぼ完成段階に達したころ、私は念のためカントの『純粋理性批判』に目を通してみたのですが、日本のかつてのマルクス主義者の多くがカント哲学を切り捨てたことの罪の大きさをあらためて強く感じました。そこで本書の最後にどうしてもカント哲学について追記しておきたいと考え、カント哲学の卓越性とその価値形式論の方法への影響についての簡単なコメントを付させていただくことにしました。前者は哲学に興味をお持ちの哲学初心者の読者向け、後者は大学等でドイツ近代哲学をある程度学ばれている読者けの内容になっています。

1　カント哲学の卓越性

　カントやヘーゲル及びマルクスの哲学の卓越性とその魅力はどこにあるのでしょうか。もちろん、その答は人によって様々でしょうけど、私は彼らの哲学がいわゆる現実（哲学的カテゴリーとしての「現実」ではなく，日常的な意味での「現実」）、つまり私たちの実際の認識活動等の現場を正確に捉えて分析している点にあると考えています。だからこそ、彼らの哲学は現代を生きる私たちにとってもアクチュアリティを持っているのです。

　たとえばカントの場合、自ら衝撃を受けたと告白している（それが果たしてホンネなのかどうかは怪しいところではありますが）ヒュームの因果律論を考察しますととてもよくわかります。

　経験論哲学者のヒュームは法律学や科学の世界で認められている因果律を、なんと経験において繰返し継起する事実に基づく習慣や連想から生じる認識であるかのように前提し、その上でその科学性を否定したのです。しかし、私たちはジンクスや験担ぎ（大事な勝負の日にカツ丼を食べたら勝てるなどの「法則」）を決して因果律だと認識しないことからもわかるように、ヒュームの前提は私たちの実際の認識にまったく反しています[1]。

　ちなみにヘーゲルによれば、彼の時代には同一律を価値の高い絶対的真理だと考えている学者たちがいたようです。しかし、これも実際とは異なります。

---

1) カントによるわかりやすいヒューム批判としては、岩波文庫版『実践理性批判』３５頁８行目以下を読まれることをお奨めします。

マルクス研究者に関しては私が例を挙げますと、世の中の多くの人々が貨幣の交換価値を貨幣の自然属性だと信じているかのように前提し、それを批判していた学者たちがいたのを覚えています。しかし実際には、中学生でもそんなことを信じていないことでしょう。むしろそのために、貨幣の交換価値は人々の錯覚や工夫の産物にすぎないという考え方が広まっているのですが、このような多くの人々にとっての実際の認識こそがマルクスの批判対象なのです。

　カント哲学の話に戻りましょう。

　「高校生にもわかるコペルニクス的転回」のところでも触れましたが、私がSkypeで話したカント哲学をまだまったく知らないはずの高校生は、ノーヒントでごく自然に、自分が因果律を現実性の成立要件としていること、カント的に表現しますと、客観を可能とするカテゴリーとしていることを私に告白しました。それどころか、これも本文（「数学におけるコペルニクス的転回」）で触れましたが、日本の多くの小学生たちでさえ「5 - 2」の計算において、カント的な認識論哲学に従っているのです。

　というわけで、カントの哲学はこのように私たちが日々実際に無意識に行っている認識活動を正確に把握した上で、それを厳密に分析しているが故に、私たちに対してほんとうの意味で驚きを与える、アクチュアリティに満ちた真実を明らかにできるのだと私は考えるのです。そしてそのような真実の一つが、実はマルクスの価値形式論の方法（対象の実践的把握）に強い影響を与えているのではないかと私が信じている『純粋理性批判』における経験論哲学批判、いわゆるアンチノミー論です[2)]。そこで、その点について次に簡単に説明しておきたいと思います。

2　アンチノミー論と価値形式論の方法

　本題に入る前にまず、カントによる私たちの実際の実践的認識の把握がいかに正確であるのかについて指摘しておきます。もし可能な方は、岩波文庫版『純粋理性批判』の先験的原理論第2部門第1部第1篇第2章第2節24「感官の対象一般へのカテゴリーの適用について」（とりわけ、上巻193頁〜197頁）及び同第2篇第1章「純粋悟性概念の図式論について」（とりわけ、上巻214頁〜218頁）のあたりを読んでみてください。なお、以下におけるカントからの引用文の訳語は同文庫版の訳者でいらっしゃる篠田英雄氏の言葉に概ね従います（わかりやすくするために言いまわしの一部を改変してはいます）。

さて、この「図式論」と訳されている部分は、法解釈の実務を知る者が驚嘆させられる内容になっています。というのも知識人といえどもたいていは実際の実践的認識や法解釈の方法を正確に知らないため、この図式論で論じられている「対象（事実）への条文の適用」や「カテゴリーの適用」を、「感性的具体的対象（事実）の概念への（直接的な）包摂」のように大雑把に理解してしまうからです。しかしそのような包摂は実際には不可能です。ですから、こうした現実性と緻密性を欠いた理解からアクチュアリティを持つ哲学的成果を期待することはできません。

　しかし現実を熟知しているカントの図式論はそのような出来の悪いものとはまったく異なります。すなわちカントは、概念（たとえば法律の条文）を感性的具体的対象（事実）に適用する、あるいはそのような対象（事実）を概念に包摂するためには、まず構想力によって概念を図式化し、さらに形象化しなければならない、という私たちの実務の実際をまったく当たり前のこととして前提にした上で、その過程を分析しているのです[3]。

　この場合の形象の由来は価値形式論における「上着」と同様、経験的対象です。しかし、悟性や理性は感覚器官を持ちませんから、多様性と変化に富んだ感性的対象としての上着を直接に認識あるいは直観できません。ですから、この場合の形象はあくまでも悟性や理性の概念の（構想力による）産物です。しかし、多くの人々は、この概念の産物を、悟性や理性に対して外から与えられる多様かつ変化に富んだ経験的対象と混同してしまうのです。カントによればその結果、必然的に解決不可能なアンチノミーに陥るというわけです。

　以上のような観点から、カントはアンチノミー論において次のように言っています。

---

2) この点について本文では、第8章5で暗示しています。なお、実はこれについても最近になって筆者が気づいたことなのですが、このような「対象の実践的把握」の哲学的なロジックの厳密な解明は、カントによって、『実践理性批判』第1部第1篇第2章「純粋実践理性の対象の概念について」（岩波文庫版126頁～151頁、とりわけ138ページ以降）においてすでに詳細になされていたのです。その該当部分は哲学を専門としない方々にとってはとても難解な部分であるとは思われるのですが、このテーマについて徹底的に理解されたいと志していらっしゃる読者の方は是非とも読解に挑戦されることをお奨めします。きっと、マルクスの価値形式論や、終章で触れたフォイエルバッハに関するテーゼの根底にある現実に即した（アクチュアルな）哲学的なロジックを、正確に理解するための手がかりが得られることでしょう。
3) ちなみに、法律の世界ではこのように形像化された事実のことを「要件事実」と呼んでいます。

「要するにこれらの宇宙論的課題の解決は、もともと経験においてはまったく不可能なのであるから、諸君にしてもかかる対象がどのような性質をもっているかは不確実であるなどと言えるわけはない。この対象はまったく諸君の脳裡にのみあり、それ以外のどこにも与えられているのではないからである。それだから諸君は、せめて諸君自身の考えに矛盾がないように、また由々しい混同を戒めるように留意しなければならない。ここで混同というのは、諸君の考えの中にある理念を経験に与えられた客観 ―― つまり経験の法則に従って認識される客観の表象と誤想することである。」（中巻 162 頁）

　カントのアンチノミー論の前半では、「「宇宙」や「世界」にははじまりがあるのか」、「「全体」は分割不可能な単純な部分から成るのか、それとも無限に分割可能なのか」という問題の、悟性概念に基づく解決不可能性が論じられているのですが、その論旨は明快です。哲学とりわけ形而上学が問題にしている「宇宙」や「世界」や「全体」は理性概念です。したがって、彼らが脳裡に思い浮かべている対象も理性概念の産物です。他方、私たちに経験的に与えられる、すなわち悟性が理解可能な「宇宙」や「世界」や「全体」はもともとは何らの概念に基づくことなく与えられた対象の全体としての現象です。つまり、それらは概念なしに、外から順次与えられるにすぎない諸対象に対し、悟性が統一的に認識するための自らの概念（カテゴリーや統覚）を付与し、関係づけたものにすぎません。したがって、そのような「宇宙」や「世界」や「全体」は人間悟性に依存したものであって、人間悟性との関係の外、すなわち物自体としては存在していません。ですからたとえば、「世界は無限か有限か」という問いだけを見ますと、どちらか一方が真で他方が偽であるかのように思われるかもしれませんが、この問いの主語である「世界」が人間悟性に依存した現象にすぎないもの、すなわち、それ自体としては存在していないもの（無）として議論される場合にはそういうことにはならず、両方とも偽ということになるわけです。

　それはさておき、上記のカントの私たち（「諸君」）に対する指示内容が、マルクスの価値形式論の方法の基礎になっていることに読者は気づくことでしょう。単純な価値形式を例にしますと、リンネルは上着を、自己の概念を形象化するためだけに用いていたのです。ですから、上着はリンネルの脳裡にある価値概念の産物です。つまり、経験的対象としての上着ではないのです。ところが、

186

人々は両者を混同し、価値概念を経験的対象に基づくものとして理解しようとするのです。しかしそのような試みは、理性原理に貫かれた「世界」概念を、「世界」を時の経過に従って与えられる対象全体の単なる綜合的統一としか理解できない悟性の概念によって理解しようとする試みと同じく、必然的に失敗するのです。

　さて、カントのアンチノミー論の圧巻は三番目のアンチノミー論、自由と（自然）必然性との両立を論じた部分です。カントの説明方法は非常に難解ですが、この結論自体は日常における豊富な実例によって基礎づけられています。ですから、私にはこの結論を否定するスピノザが、前述したヒューム同様、現実を正しく認識していないように感じています。ちなみに、マルクスも『資本論』の注釈13が付された部分で、さりげなくこの両立問題に触れています。

　たとえば、どんな凶悪な殺人犯といえども超能力では人を殺せません。包丁での刺殺や銃殺や毒殺等、要するに自然法則を破ることはできないのです。しかし、だからといって殺人の根源的な原因は自然法則ではありません。自然法則の場合なら、たとえば同じ刺激（条件）に対しては同じ反応（結果）が生じますが、人間の意志が、まったく同じ状況（条件）下で殺人を決意するかどうか（結果）は人それぞれです。ですから、殺人の根源的な原因は一般に（もちろん、例外はあります）、自然法則の外に存在している殺人犯人の自由意志なのです。

　というわけですから、この自由意志は自然法則の必然性をまったく破りません。したがって、必然的自然的因果関係の外に、自由な主体としての純粋実践理性や、社会的生産様式に規定された不自由な、あるいは純粋ではない主体の存在を想定しても、何ら矛盾は生じないのです。カントは、この観点から神や実践理性（道徳法則）の存在を前向きに検討するのですが、マルクスはすでに明らかにしましたように、価値の現象形式（交換価値）の関係の外に、社会的生産様式に規定された非純粋実践理性としての主体を発見したのです。

　カントは、このロジックについて以下のように述べています。

「現象はあくまで現象であってそれ以上のものでないとすれば　──　というのは、物自体ではなくて、経験的法則に従って結合している単なる表象にほかならないとすれば、かかる現象そのものは、現象ではないような根拠を別にもたなければならない。しかしかかる可想的原因は、その原因性を現象によっ

て規定されるものではない、——　もっともこの原因から生じた結果は現象でありえるし、そうすればそれはまた他の原因によって規定されえるわけである。それだからかかる可想的原因とその原因性とは、現象の系列の外にある。」（中巻210頁。下線は筆者が引いたもの。）

「しかし結果が現象であれば、その結果を生ぜしめたところの原因（これはまたそれ自身現象である）の原因性は必ず経験的原因でなければならない、ということは果たして必然的だろうか。現象における結果は、経験的因果性の法則に従ってこの結果を生ぜしめた原因と結合していなければならないにせよ、しかしその経験的因果性そのものは、一方では自然原因との関連をいささかも中断することなしに、他方では非経験的な原因性、すなわち可想的原因性の結果であるということが可能ではあるまいか、つまり我々はかかる原因性を、現象に関しては原因の根源的作用としてみなすことができるのではないだろうか。」（中巻216頁。殺人の根源的な原因は自然法則ではなく犯人の自由意志であるということは、カントによればこのような問題意識の提示によって説明されるのです。）

経験的性格は、可想的性格の感性的図式にほかならない。（中巻224頁。）

本文でも強調しましたが、リンネルの上着による単純な価値表現において、リンネルの価値の内実は経験的対象としての上着によってまったく支えられていません。そのような上着の役割は、実例がなければ何もできない価値としてのリンネルに対し、価値概念を形象化することによって実例（経験的性格）を与えることにすぎないのです。そのような価値表現を、リンネルの独りよがりによる不当なものであるかのように批判した学者がいたことについても本文ですでに指摘しましたが、こうした的外れな批判が生まれる原因の一つが、カントから学ぼうとしなかったことであることは、私には間違いないことのように思えます。
　以上のことから、マルクスの価値形式論及び貨幣論を私たちの哲学的認識論にまで遡って根本的に理解するためには、これまで軽視されてきたといわざるをえないカントの『純粋理性批判』及び『実践理性批判』の理解がとても重要であると私が考える理由について、きっとご理解いただけたのではないかと思

います。

　　　　　　　　　　　　　　　　　　　　　　　　　　以上

田村　智明（たむら　ともあき）

１９６５年生まれ。東京大学教養学部卒。都市銀行に就職し、退職後、平成９年度司法試験に合格。その翌年から、立命館大学大学院文学研究科（西洋哲学専攻）に在籍しつつ、司法試験受験予備校早稲田セミナー（Wセミナー）の講師等として活躍。同大学院単位取得退学後、平成１８年に弁護士登録（旧第６０期）。その後は日弁連情報問題対策委員会事務局、日弁連憲法問題対策委員会委員などを歴任。

著書には『論文合格答案の基礎』（早稲田経営出版）、『法解釈の正解』（勁草書房）などがある。

マルクス貨幣論の哲学

2024 年 4 月 16 日　　第 1 刷発行

著　者——— 田村智明
発　行——— 日本橋出版
　　　　　　〒 103-0023　東京都中央区日本橋本町 2-3-15
　　　　　　https://nihonbashi-pub.co.jp/
　　　　　　電話／ 03-6273-2638
発　売——— 星雲社（共同出版社・流通責任出版社）
　　　　　　〒 112-0005　東京都文京区水道 1-3-30
　　　　　　電話／ 03-3868-3275